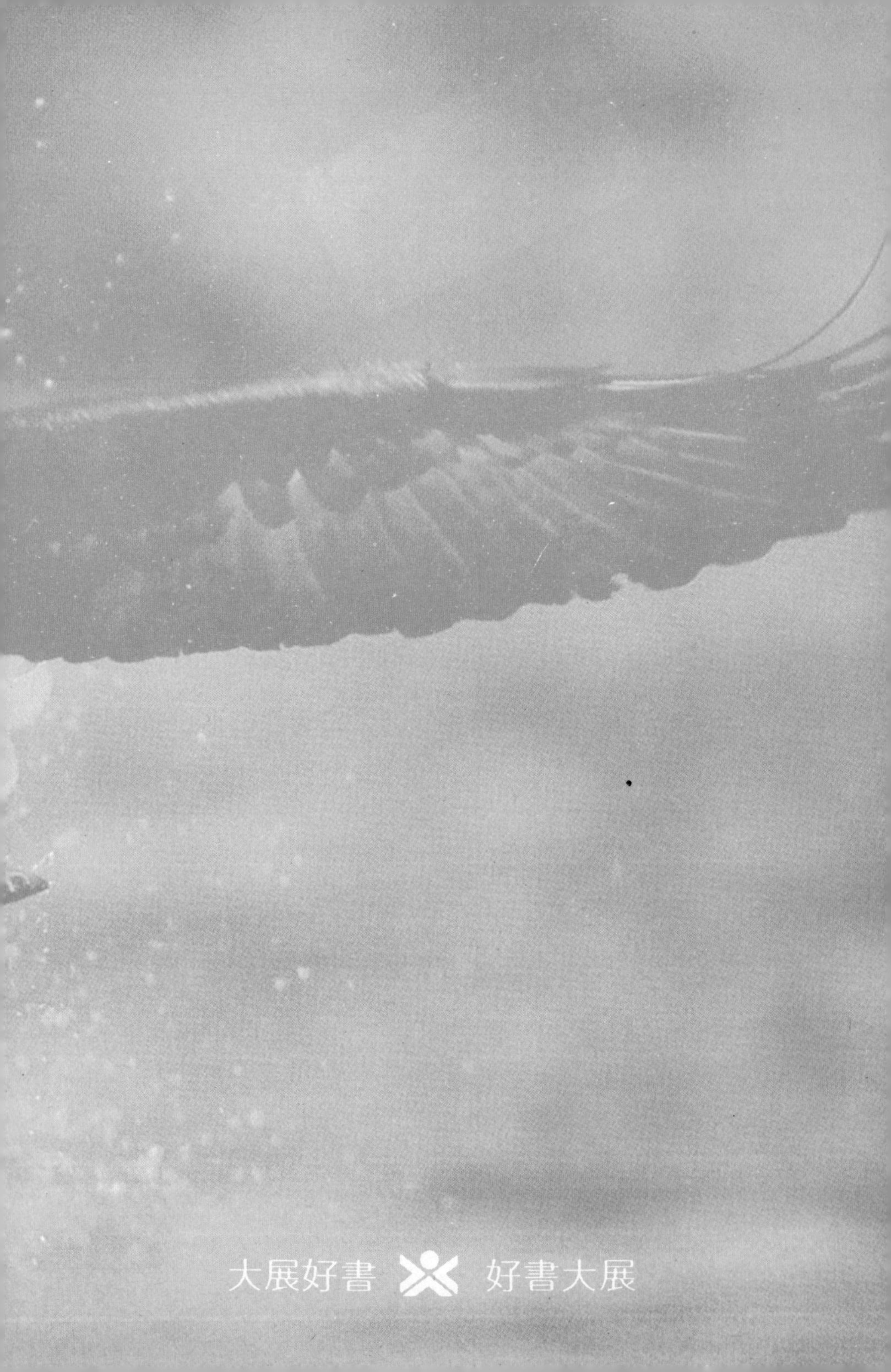
大展好書 好書大展

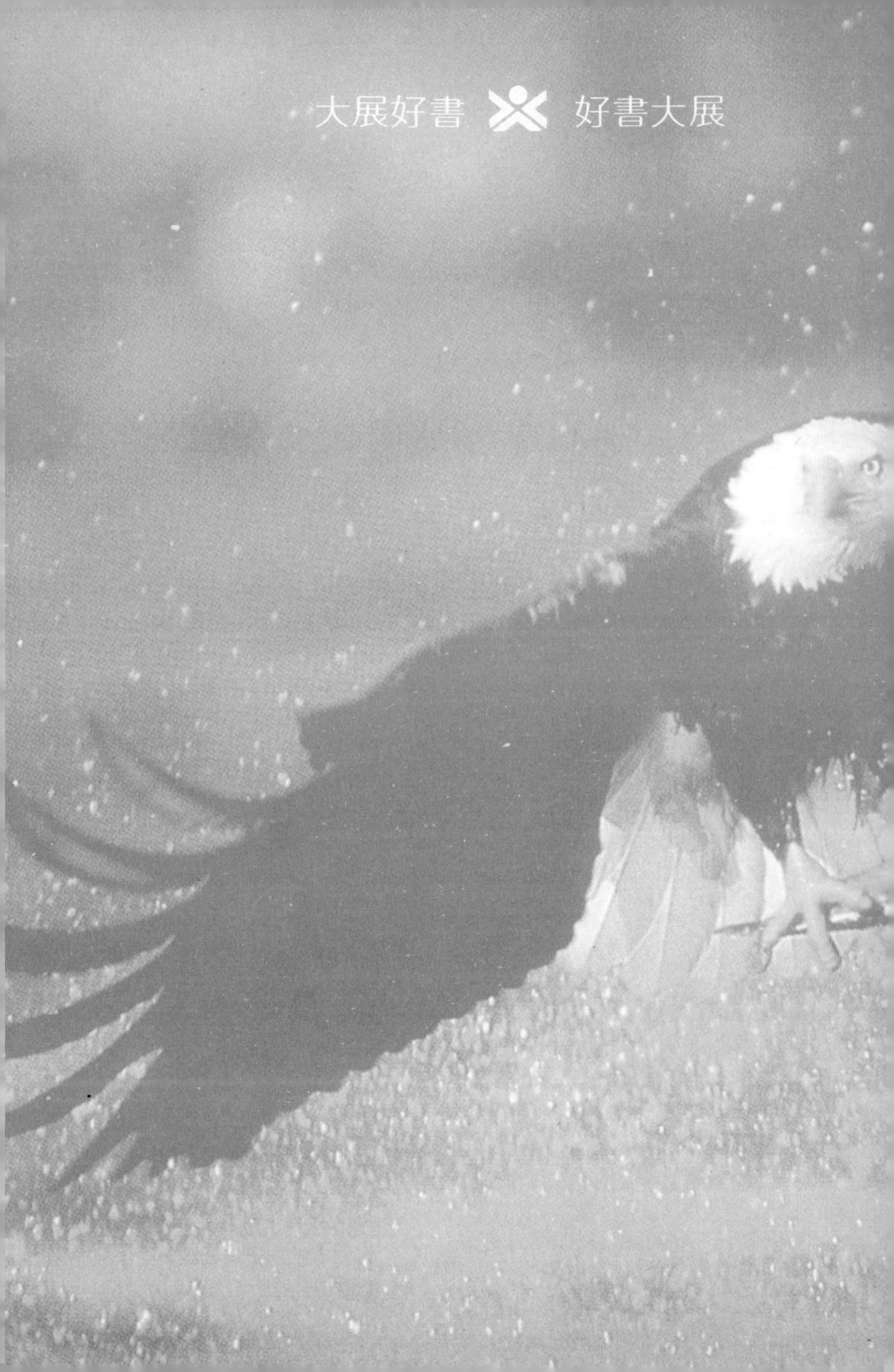
大展好書 好書大展

命理與預言47

風水的奧義

小林祥晃／著
李芳黛／譯

大展出版社有限公司　印行

前言

『請相信它，你將會得到意想不到的守護，這才是身為人的最大價值，代代相傳，不畏懷疑。』

這是我在家中最初聽到有關風水、地理的話。

接下來我想告訴各位的，正是我父親教導我，而我親身實行的事。

談到風水，現在很多人便認為是一種地理占卜，其實不然，我們在日常生活中創造快樂的環境、幸福的生活，這才是風水。

一開始可能會讓各位嚇一跳，但事實上，現在不少人均受惠於小林流風水開運術，愉快地生活著。不管是那個年齡層的人，都開始將風水應用在食、衣、住、行等日常生活中，風水成了名副其實的環境開運學，我也很樂於見到這種現象。

風水本來就應該是快樂的環境學，快樂地開運才是最重要的。

去年底出版『風水法則』，今年三月又以上班族為對象，出版一本『商場活用風水術』，在執筆當時，我就有「應該將家傳的風水的奧義集中起來，編輯成一本書」的念頭。

之後，我疲於電視、雜誌的訪問，以及演講邀請等事，但仍然每日念念不忘此事，無論如何，一定得將各種風水細節彙集起來，傳達給想知道的朋友。

我現在動手寫的『風水的奧義』，並不是一本爭奇鬥異的書，而是針對以往所提各種風水術賦予意味，另外再加上增運術。

各位所知道的法則，例如『西邊黃色』、『東邊紅色』、『南方擺一對觀葉植物』、『期待戀情為粉紅色』、『亥的陳設品放在西方』、『想促進人際關係就將西的裝飾品放在東南方』、『想增加直覺力、希望重大決斷沒有失誤的話，在南方放二隻發光的狗裝飾品』、『往吉方位泡溫泉』、『穿粉紅色內衣』、『期待戀人出現則拿長傘』、『在小孩房的北邊掛一幅石榴繪畫，或放一盆菊色花』等等，都會出現。

「還有什麼？」請不要這麼不滿足。事實上，只要你確實實踐、反覆行動，幸運便垂手可得，因為幸運本來就是累積而來的。

把風水視為生活的一部分，很隨意地運用在生活中，才具有價值、效果。

現在開始實踐風水環境開運學的人，其體內已經埋下幸運的種子。

因此，只要再往本書深入，你體內的幸運便會爆發，請對自己有信心。

如果你手邊沒有我所著風水、地理、室內設計、吉方位等書籍的話，請先讀完本書，然後再往前讀各單元之書籍，以提高對各內容的理解。

當你讀完之後，你就很清楚我為什麼要寫這本『風水的奧義』。

很多人質疑，我的風水學從何處習得。

基本上來說，我是從生活中學到風水。父親與父親的友人韓國風水師金先生是我的啟蒙老師，但使我眼界大開的是建築這份工作，以及「幫神明做事」這項終身職務。

說到「幫神明做事」，也許會讓許多人誤解，其實，建築師與神職這二份工作，都是從我祖父就傳下來的，我也從建築師與神職這二種性質迥然不同的工作中，加深對風水的知識，並且發展成符合現代人生活的自己流風水術。

這幾年來，『風水』、『地理』之說形成一股風潮，至於我本身，則是從七～八歲左右，就經常聽到有關風水之事。

那是從父親與金先生的談話中得知的，金先生的日語，和小學一、二年級的我程度差不多，所以，依偎在父親身邊的我，已經可以理解風水的基本觀念。

風水的基本想法，正是我在前言的第一段話，那也是從父親們交談中聽到的。

當時不是說『風水』，而是說『古代風水』。

總而言之，風水絕不是地理、占卜。

各位只要了解，風水就是教導我們自然現象的學問，那就夠了。我們對地球心懷感謝，地球賜予我們力量，為了自己的幸福，你可以盡情地吸收大地能源，這就是風水學問。

請各位務必牢記——風水就是教導自然之學、風水就是一種愛。

總而言之，地球賜予的光、水、溫泉、食物、衣服等等，都是使我們幸福的道具，希望各位善加利用，這才是風水真正的奧義，而其根本即『請相信它，你將會得到意想不到的守護，這才是身為人的最大價值，代代相傳，不要懷疑』。

一九九五年七月七日。

工學博士
一級建築師
小林祥晃

目錄

第一章　開運住宅

第二章 工作與事業成功

第三章　戀愛、結婚、家庭

第四章　健康與金錢

第五章　養育與教育

序　章

小林流風水

如果我不是一位建築師，我的風水、地理理論就不會流傳得如此快速。

從專業建築角度談論風水，不僅能得到大衆的信任，關於以往被大衆認為是『占卜』的地理，事實上「並非占卜」的說法，也得到衆多支持。

但另一方面也發生令人哭笑不得的現象。最近，我向初識者遞名片的同時，自我介紹「我是建築師小林祥晃」（我從以前就是如此自我介紹）的時候，有些人反問：「什麼？你現在也開始從事建築工作了？」這真是我始料未及的現象。

雖然這件事對我來說有點諷刺，但只要我所論述的風水觀念能讓各位了解風水即環境開運學，並且運用在日常生活當中，確實施行，為自己帶來好運的話，我就感到相當滿足了。

我想各位已經都了解，風水是從日常簡單的事務開運，事實上，這每一項都是我從生活中學到的。

父親經常訓誡我：『雙親的意見與杯中酒一樣，後勁非常強，如果你想在人生旅途中達到成功，最好多聽聽雙親的意見。』

三十歲的肉體、七十歲的智慧

大約十年以前，我開始有「寫風水地理書」的念頭，四十歲之前，第一本書問世。在此之前沒寫過書的我，決定出書的原因之一，便是為了繼承父親遺志。父親晚年曾為了想寫風水地理書，而購買了一千張稿紙，但父親卻在這時候病倒了，結果，一行字也沒寫便與世長辭。父親逝世後正好十年，我發現父親書房遺留下已經泛黃的稿紙，便有了完成父親遺志的想法。

六歲時，便聽父親這麼說：「年過四十之後，便致力於推廣地理風水的好處。」當『風水法則』出版後，身體內便湧現一股力量，再加上周圍一些朋友、讀者鼓勵我「繼續寫下去」。

但當時還沒四十歲，經驗也不是很豐富，而我卻膽敢下決心出書，是因為父親的幾句話：

「擁有一技之長，競爭對手死後，你便成為日本第一。」

這句話是什麼意思呢?就是「從年輕時代即習得一技，即使你的技術不是日本第一，但如果有力的前輩相繼逝世後，你還有幸殘留人間的話，也許有機會被稱為日本第一。換句話說，即使你沒有第一名的實力，但持續不間斷地做下去，便可成為第一名，這就是另一種成為第一名的方法」。

另一句話是，「三十歲的肉體有七十歲的智慧」。

意思是這樣的：「三十歲的肉體擁有三十歲的智慧很普通，如果每個人都能活到七十歲，便都能擁有七十歲的智慧。由於人生經驗也有七十年，因此，便能了解當時要是這麼做就好了，要是那麼做就好了，而且也懂得成功的竅門，知道怎麼做才能達到成功，只不過這麼想的時候已經七十歲了，力氣也萎縮了，不論擁有多耀眼的智慧，都無法親自實行。話說回來，如果三十歲的年輕人擁有七十歲的智慧，則不但有智慧，還有體力，這種人如果再加上好運，必定可達成功。」

由於將先人教導的風水智慧形之於文，因此，即使我本身的體力與時間經驗只有四十歲，但擁有的智慧卻是百年時間的結晶。

我的思想很直接，更想直接將父親教我、周圍人教我的知識清楚呈現出來，有了這種想法後，便立刻下決心寫書。

教風水、地理，傳達經驗

雖說下了決心，但面對泛黃稿紙，我寫什麼呢？怎麼寫呢？我不知如何理出頭緒。就在這時候，腦海中浮現這麼一段話。

「如果一個字一個字的埋首稿紙格子中，覺得很痛苦的話，就將稿紙翻過來寫。」

就如這段話一樣，雖然有點不好意思，但我現在一直都是將稿紙翻面來寫。

有位出版社編輯，為我準備了印有小林祥晃標記的稿紙，但我仍然將之翻面來寫。

「被世人稱為文豪的人，每一位都是從『基本字母』開始學起，然後才學會寫文章，懂了『基本字母』發音、字形之後，所謂的文豪才會學寫字，接著才學寫文章、完成不朽的作品，這麼說起來，會寫『基本字母』，卻不會寫文章，是因為你努力不夠，如果非寫不可，就從你自己的經驗開始寫起，體驗每個人都寫得出來的，也是最真實的。」

記得小學寫不出作文時，父親曾對我說了以上這段話。

這段話也是我下決心完成父親遺志的原因之一。

父親、前輩的教導，奠定我的風水基礎，而其整體精神所在，就是開頭那段話。

『請相信它，你將會得到意想不到的守護，這才是身為人的最大價值，代代相傳，不要懷疑。』

對於先人所遺留下來的理論，我不但「相信」，而且更是「深信不疑」。

日常累積的經驗是人生成功的指引

父親還曾告訴我，如何使人生成功。

「人有四種類型，也可視為成功的順序。世上最容易成功的是，運氣好、頭腦好的人，這種人一定成功；其次是運氣好、頭腦不好的人；第三種是運氣不好、頭腦好的人；最後一種則是運氣、頭腦都不好的人。你並不是屬於頭腦好的人，所以只能祈求運氣降臨，也就是要以第二型人為目標。」

正如以上所言，父親為了培養我的運氣，從孩提時代即經常帶我往吉方位泡溫泉，選擇地理、風水的住家、裝潢，考試前給我吃開運食物，另外還在臥房擺設開運花朵，也就是實施我教給各位的風水術。

因此，我認為自己是得風水之利、掌握幸運之氣的「幸運兒」。

也正因為如此，我才有餘裕思考，讓更多人利用這種智慧，享受和我一樣的幸運。

追求幸福的過程，並不是非得忍受上山下海的痛苦不可。

從日常簡單事物中自我開運的方法，正是我所說帶來幸福的風水術。

調整龍脈威力的小林流風水

談到風水地理，我也曾受到種種誹謗，但不管是風水也好，地理也罷，從我們周圍的環境仔細觀察，均是其來有自。

如果在像加拿大或美國那種寬廣的國家中，讓你自由蓋房子的話，你希望什麼樣式的住宅呢？

首先關於窗戶，應該是南側開大窗、北側開小窗吧！家中日照溫和可以增加安全感，所以北方窗戶應該比南方窗戶小；從風水來看，這也是吉相住宅的條件之一，想想看，北半球冬天有從北方吹來冷颼颼的北風，比較起來，南方夏季便吹來涼爽的風。由此觀之，風水和自然環境是相符合的。

再比較朝陽和夕陽，看見朝陽令人心曠神怡，看見夕陽則令人感覺落寞。因此，東側盡量開能讓朝陽射入的大窗，西側則開小窗。

但也有例外。例如海邊看夕陽、日落西山的景色看起來都很舒服，因此也可以在西側開大窗，遠眺夕陽讓情緒穩定。並不一定向東最好。

像這樣導引出環境的優點，然後想辦法掌握這些優點，就是風水的本意。

以前風水、地理這種學問，被稱為「古板」、「迷信」，尤其是學識佳的讀書人，更是徹底否認、排斥，然而，對於居住在地球的人類而言，風水所談論的現象，均是非常有理、自然的。

風水本來是一種『地脈占卜』，以探索龍脈學問為基礎。

風水告訴我們，住在龍脈上可得幸運，但既然它是一種學問，就必須重視居住場所。如果這是屬於愛在哪裡蓋房子就在哪裡蓋房子的時代，就沒有什麼問題，然而，現在蓋房子均得依照法律規章，而且，即使住在某處會多麼地幸運，但假設當地是毫無人煙的山區，你怎麼可能獨自跑到那裡居住？有小孩的話，更必須考慮到上學等實際問題。

正由於先人告訴我們，沒住在龍脈區上的人無法吸收到風水力，因此，風水便與我們實際生活脫節，而成了上山下海的地脈占卜。

在我而言，不管什麼住宅，都有其「幸運區」，這就是龍脈。利用幸運區為屋子作最佳隔間、裝潢，並運用至服裝、繪畫、小裝飾品、花藝方面，這就是小林流的風水、地理。這對各位而言，也許是一項新學說，卻是任何人均可施行的最簡單有效的方法，事實上，已經有許多人施行並受惠。

利用大地威力掌握幸運

風水本來是在述說大地威力的重要性。但我認為這不單是地脈的占卜，它還以太陽行進，亦即太陽東昇西沈為基礎，應用在衣食住行上。

也許有人質疑以地脈占卜為基礎的風水，為什麼會和太陽行進發生關係呢？因為「大地力量來自太陽，而且受太陽之恩惠培育萬物」。

易經『地天泰』卦中，包含了「天望地、地望天，亦即彼此交互而生」之意。太陽的律動決定了地球這片大地的力量。

在地球上的一切自然現象，均蒙太陽、土、水、風之惠而生存。一切均源於大地之培育，因此，應用上少不了太陽。

以家為起點，我們周圍一切均為大地所賜，亦即大地資源。因此，不管利用大地什麼東西均可。

我們將風水運用在食衣住行方面，就是基於這項理由。

另外，我在前言也提到過，不單單是聽、不單單是記，『深信不疑』才是重點。日常生活中如何從自然吸收力量？當自然運行不順利時，如何利用室內設計彌補不足？繪畫怎麼掛？花怎麼擺？諸如此類風水的應用，讓我受益匪淺，當我實踐先人遺傳下來的經驗後，也想將這些道理原封不動地傳達給各位。

總而言之，對我而言，風水思考方式有如一本聖經，也可說像一部天書。

年輕人好像對我的風水論為『簡式風水』，而且愉快地實行。不過我認為，他們之所以那麼快樂地實行，是因為他們相信的緣故。

我自幼即在家庭中接受風水教育，現在更將傳遞風水思想視為一種使命。如今有機會向各位披露祖傳風水思想，心中充滿興奮與感謝。

相信與實踐才是風水的奧義

現在再回到前言那段話，我想加以補充說明，『得到意想不到的守護，深信不疑』中的『守護』，也許各位會認為大概是一種信仰或一種神明。就和寺廟中的守護神一樣，父親所述關於風水的幾句話，對我來說，就是一種『守護』。

另外，『身為人的最大價值』這句話，基本上，如果不知道自己為何而生，就無法掌握身為人的價值。那麼，到底是為何而生呢？我是為了幸福而生。也可以說在事業上成功才算得上獲得身為人的價值。或者還可以這麼說，事業成功是我幸福的基礎，而不是最終目的。工作是表現自我的道具、手段。

父親經常這麼說。

「工作就是『服務的事』，因此，服務什麼很重要。人對於服務自己的心、自己的夢最無悔。」

因此，我決定服務自己的夢想，而具體表現的道具便是職業。

至於『身為人的最大價值』，我認為就是往自己幸福的上限邁進。

『代代相傳，不要懷疑』，關於這一段話的重要性，我想已不必多做解釋。

風水的思考基礎是，太陽從東方昇起，向南達到正中央，再往西下沈，而北方沒有遇到太陽這種自然的道理，誰會懷疑這件事呢？

太陽一定從東邊昇起，西邊落下。既然地球是此太陽系中的行星，我們對這不應該懷疑的事實，當然沒有懷疑的必要。

我的風水論就是以任何人均不能改變的道理為基礎。

首先從創造自己幸福開始

「不要想靠別人。」

「我至今仍清清楚楚記得這句話，那是幼年和父親一起往世田谷的玉川神社途中，央求父親為我買棉花糖時的情景。

大家都知道棉花糖的做法，就是在圓形機器中插進一根竹筷子，在邊轉邊繞當中，不知不覺地，竹筷子已經被美麗的棉花糖包圍，父親這麼告誡我：

「祥晃，幸福就是這麼製造成的，幸福最初什麼也看不見，但就像棉花糖那樣，在邊轉邊繞中成形，只要你做成中心那根棒子，幸福便會慢慢繞過來。」

我稱此為『棉花糖竹筷子論』，也就是製造幸福的第一步。

那麼，如何得到中心那根棒子呢？

可以依賴信仰得到，也可以藉著抱持信念努力工作得到，愛人也是另一種方法。

我本身則擁有一顆不改變、不動搖的心，對一件事深信不疑，藉此形成中心那根棒子。

小時候經常隨雙親出入神社佛寺，每月初一、十五必定參拜，也就在這時候了解『與神明交往的方式』，也習慣對家中小神像合掌頂禮。

對我而言，這每一件事都形成心中棉花糖的竹筷子，也就是創造幸福的心棒。

只要依照自己堅定的意志去做，每個人都能擁有屬於自己的心棒。例如，每天早晨必定禮佛、經過佛寺必定低頭致意、每日必向雙親請安、每日必定打掃庭院、道路等，只要健康狀況許可，就一定持續下去，如此你的心中自然形成一根心棒。

但如果這根心棒的製造必須依賴他人，就非得配合對方的情況不可了。對方的能力雖足以帶動你，但事實上卻相當辛苦。

自己實踐風水創造幸福是最重要的。因為唯有如此，你才能使自己的幸福愈來愈旺，甚至有能力為周圍的人製造心棒。

因此，首先你必須堅定信心不移，對同一件事抱持信念與毅力，則幸福指日可待。

為什麼頭腦好的人會讓好運溜走？

我至今仍記得有一次夜遊歸來時的情景，父親讓我正襟危坐並加以責罵，不久，不知父親是不是也疲倦了，盯著我慢慢說道：

「你一定要學會掌握時間之利，不管順風也好、逆風也罷，都一定要善於掌握其利，但並不是被風吹著走，而是要捉住幸運之風的羽翼。幸運之風的羽翼是什麼呢？是智慧、是知識，不要當個凡事只知其一的人。一定要廣泛了解各種事物道理，智慧本身是固定不動的。只有你依風向去尋找它、掌握它，它才會成為你的東西。有些頭腦好的人在半途中會玩弄計謀、策略，而這些沒有用的事情卻使他失去立場、喪失機會。因為運用智慧太過度，反而令人忽略真正重要的事情。換句話說，就在你不斷地玩弄計謀之時，智慧的羽翼漸漸感覺疲倦了，等你真正需要它時，它根本使不出力。」

包含我的風水論在內，世上創造幸福的法則、理論相當多，但在腦中反覆搓揉這些道理，因而達到成功的人很少。一定得親身體驗實施，才可獲得成功。父親又說了下面一段話。

「你的頭腦屬中上程度，你的運氣還不錯，但看看那些頭腦好的朋友們，大致都錯失良機，為什麽呢？因為他們往往沈醉於自己的金頭腦中，將成功這件單純的真理反覆在腦海裡搓揉，以致該動時不動、該停時不停。其實，智慧、知識、頭腦就像一雙大羽翼，平常放在兩側不能炫耀也不能動，只有在幸運之風吹起時，才適時巧妙地展開雙翼，如此必定成功。而當升上天空後，還必須乘風一鼓作氣、振翅翺翔，如此必能掌握真價。」

原來，這就是成功的秘訣。

思考方式講究風水的日本人秘密

風水是以自然為基礎，因此，理所當然涉及到自然界的風、水等各種事物。

例如關於風，順利時稱順風、不順利時稱逆風，身體不舒服時便稱受了風寒。另外，還有『讓女兒吹東南風可得良緣』、『家中無風則無病人』等說法。

關於水的部份，則有『這裡水質良好』、『這裡水質不適合』、『喝到濁水會不舒服』等說法，水的良好與否關係身體健康，也與自己的幸福有密切關係。另外，喝吉方位的水可以開運，若是喝了水質不合的水，則整個人生也會受到影響。前人還留下『丈夫遲歸、與家人不親時，就在大門內外灑水』的方法，我家人也照此方法實施，如果我比平日早回家時，就會聽到屋內傳來「真的很有效耶！」的聲音。

最後，日本人還有將一生託付流水的情形。其思考基礎是希望生前的一切罪過、污點均隨流水流掉，這也是風水想法之一。

飲食也是重要的開運項目

每當考試之前，我就將家中書桌移到房間的正中央，另外喝一種特別飲料，我家人稱這種飲料為『及格飲料』，現在回想起來，就是蘿蔔、紅蘿蔔、牛蒡混合成的蔬菜汁，當時父親曾說明蔬菜，根莖食物內部所包含的天然力量。

「人的毅力很重要，能在有限時間內全力完成工作的人，才能達到成功。如果考試時間是五十分鐘，你就必須在這五十分鐘全神貫注，堅持到底，而最重要的便是根基必須穩固。」

這種蔬菜汁在風水上來說，就是穩固根基的果汁。

將書桌放在房間正中央，吸收龍脈之氣，再加上喝『及格飲料』穩固根基，拜風水之賜，我在考試中均一帆風順。

關於食物部份，父親教我各種風水吃法。本書也將配合各種目的，詳細介紹食物開運法。

由於祖父及父親都是建築師，所以與父親日常會話中，屢屢出現建築相關事物。本書也多方法及室內裝潢開運法，這導因於我本身是建築師，並且以建築、住宅為基礎，教導各位風水。

我想再次強調，建築物本身的風水威力，絕對比你想像的還要強，千萬不可忽視它。

小林流風水的奧義

我的風水還有一大特色，就是方位與顏色（形狀）的組合。自然中的花、草、木的顏色、水的顏色、土的顏色等等，均對我們幸福造成重大影響。人類既然是環境的動物，自然無法不接受空、土、水、風、太陽等各種自然力的影響。

包含人類在內，自然界一切均以太陽為中心，在太陽光中發出「自己色」。而這些顏色對周圍產生的威力，也是你意想不到的。

我的風水運用一切建築物中的事物，例如，繪畫是色彩的集合體，就是不可忽視的開運裝潢。當然，畫中描繪的內容也很重要，風水上認為『希望有小孩就在北方掛一幅石榴花繪畫』，即為風水成功之運用。

為什麼在北方掛一幅石榴花繪畫就能得到小孩呢？與其質疑，不如實行。

現在，我就要開始披露風水的真面目了。

本書將詳細說明風水理論，但我更希望各位了解其本來含義。

不論你如何應用風水理論，都請你絕對牢記那句話，『請相信它，你將會得到意想不到的守護，這才是身為人的最大價值，代代相傳，不要懷疑』。

當這句話不自覺地會在你腦中浮現時，本書必定能成為你的風水寶庫。

第　一　章

開運住宅

家是由二個『ㄩㄢˊ』所形成，一個是人類的「緣」，另一個是金錢的「元」。我現在在朝日電視台主持『找一個適合的家！』真的深深體會到，如果沒有緣與元相配合，則家是遙不可及的夢想。

蓋房子要花錢，有錢人可以蓋好幾百棟房子，但家就不是有錢便可擁有。

金錢是條件之一，最重要的還是在於和那塊土地或那棟房子有沒有緣？相性合不合？房子或土地並不會說話，必須經由仲介居間協調，有緣無緣是找房子最重要的條件。

當緣與元均配合妥當之後，必須注意的便是方位問題了。

我聽說最近很多年輕人在看房子時，身邊都帶著指南針。

有人問我：「現代人買房子普遍重視方位，這是什麼原因？」

其實，不分東西南北的找房子，或對住宅東西南北毫無意識地生活其中，本來就是很可笑的一事件，請各位想想看。

當一個人連朝陽從他家的哪一方升起，夕陽從哪一方落下都不知道……。人無太陽無法生存，而且如果連大門方向或與自然配合等現象都不思考，實在令人覺得有點奇怪。

如果你愛大自然，如果你重視自己的家庭、生活，就應該認真思考對自己有利的開運方向，或者哪一種風水地理的房子最適合自己。

土地、房屋均屬高價商品。但不要視其為一種高額資產，應該視為創造幸福的投資。風水對於買房子、土地或和房子、土地均同等對待。

衆所周知，風水是探尋龍脈，亦即尋地氣的流向，基本上是以在龍脈吉地上建住宅、辦公室，吸收地氣、創造幸福。往哪一方位去找，遇到吉地的機會較高？這便是風水的思考方式，從這個立場出發，如果你還不懂方位，就太可笑了。

不帶指南針、不考慮方位，就在城市街道逛來逛去找房子，這種碰運氣的方式不是絕對不好。但如果你希望自己更幸福，就請停止這種不考慮方位、地理，隨便購屋遷居的行動吧！

利用風水術取得不動產的同時，幸運也開始隨你而行，藉著不動產之力量，也就是大地之力，你能夠掌握幸福。當你在找房子時，一定得仔細思考自己想得到哪一種幸福？想給家人哪一種生活方式？從這個方向出發，尋找你的幸運屋。

換句話說，你購買房子、土地是為了自己和家人獲得幸福。

現在許多不動產業者都積極地研究風水地理。

將風水當成環境開運學來研究相當好，希望大衆漸漸走出風水即占卜的觀念。

有關地理學部份，也是我最得意的領域，其力量之偉大，各位已經從前者中了解，還不清楚的朋友，請多方尋找有關書籍閱讀。

既然風水是環境開運學，一旦環境改變，思考方式也會跟著改變，亦即性格、行動、經營幸福生活的方式都有變化。性格是決定你幸福與否的重要因素，我從建築師的立場，首次披露性格的最佳組合型態，請各位慢慢地詳細參考。

「鬼門玄關與洗手間」

●鬼門由丑寅的恐怖鬼像製成

東北稱為表鬼門、西南稱為裏鬼門，在方位中各有其功效。

有人認為鬼門是可怕的方位，但也未必是不吉的方位，鬼門原本就是鬼神，亦即鬼的神，說到鬼，便令人產生張牙舞爪的恐怖印象，但事實上，它就是每日都在我們身邊的神。

日本人將鬼門方位（丑寅方位）的鬼製造成恐怖形象，實際上，鬼門並非鬼所居住的方位。

那麼，為什麼稱為『鬼門』？又為什麼製造出恐怖的形象呢？

東北方位的表鬼門，是產生一天活動能源的方位；而西南方位的裏鬼門，是產生精神能源的方位，二者均是人類行動上的重要方法。

因此，絕對不要認為表鬼門、裏鬼門是不吉的，相反的，它是很重要的方位，如果此處不潔淨，便會產生健康、精神方面的障礙。

為了防禦這些障礙，所以鬼門便被想像成是鬼所居住的恐怖方位。

表鬼門與裏鬼門

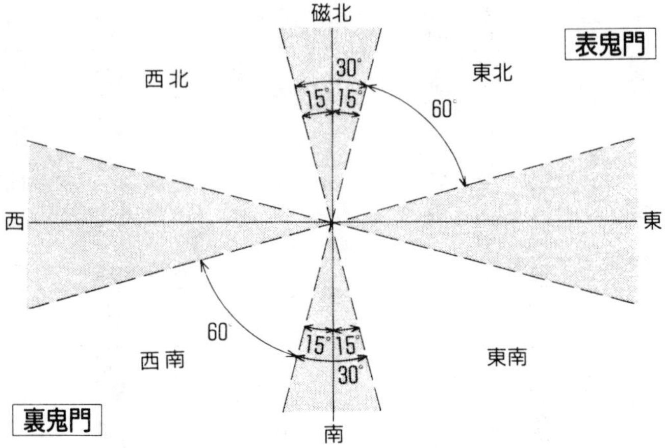

此處所謂不潔淨，並非單純指洗手間而言，應該解釋為溫度、濕度改變之處。

溫度、濕度改變指的是水與火，包括浴室、廁所、廚房、瓦斯爐、火爐等等。

釋迦牟尼佛曾說：「空中有殺人的蟲。」人類就是這樣，對看不見的東西非常敏感。

即使家中的廁所、浴室在鬼門處，也很不容易改變場所，那該如何是好呢？消除不潔淨的印象是最好的方法，濕度無法改變，所以保持乾淨很重要，加強照明、保持通風、放置白色物品都是好方法。

●鬼門是神的通道

以時刻來表示方位時，東北是一切生命開始流動的清晨三時左右；而西南則是下午三時左右，正當一日工作結束準備休息之時。

在風水盛行的香港、台灣、韓國等地，並不那麼在乎將玄關、浴廁置於鬼門，為什麼只有日本如此重視鬼門呢？

出雲大社的神殿即鬼門方位，神明鎮座於此。事實上，古代日本人認為此方位為神明的方位，鬼門即神明的通道，因此，如果將玄關、浴廁安排於鬼門方位，即是污辱神明的行為。

只不過，這種想法源生於住宅少、原野遼闊的時代。像現代這種住宅密集狀態，鬼門的能源也起了變化，受到鄰居影響，力量降低許多。

雖說不必過於恐懼，但也不可污穢它。

如果玄關、浴廁位於鬼門，則請依下述方法改變裝潢，或利用小東西掩飾。

東北（表鬼門）玄關

鬼門玄關首重清潔。如果玄關處堆積垃圾、雜物、鞋襪、則不多久就變成凶相玄關了。如果你覺得因為玄關在鬼門，所以運氣不佳的時候，最好每個月用酒、粗鹽清潔一、二次。室內裝潢請利用象徵清潔的白色，可在鞋櫃上放置白色花瓶、插些白色花朵。

西南（裏鬼門）玄關

如果你認為運氣不佳導因於西南的玄關，請偶爾用粗鹽及酒清潔玄關，裝潢採用素雅色彩，另外再擺一盆盆栽。至於收藏櫃部份，應該儘量寬敞，因為這有助於提升運氣。

東北（表鬼門）廚房

保持清潔，污穢為凶相。最好採用白色廚具，再以白色花瓶、白色花朵裝飾，還得隨時清洗排油煙機。

西南（裏鬼門）廚房

由於西方與西南方使物品腐壞的作用強，所以必須認真打掃，隨時檢查冰箱是否有過期食品。廚具與餐具最好都用茶色系列。觀葉植物也有降低西南裏鬼門之氣的作用。

東北（表鬼門）廁所

用白色小盤子裝些粗鹽，放在廁所可降低凶意。請每個月更換粗鹽二、三次，舊鹽請倒入馬桶內沖掉。室內以白色爲主、注意照明度。

西南（裏鬼門）廁所

和東北廁所一樣放一小盤粗鹽。廁所櫃子使用白、綠、茶、黃等素雅的色彩。如果廁所沒有窗戶，則得注意換氣是否良好。

東北（表鬼門）浴室

鬼門應該保持安靜、清潔，所以特別要注意打掃。洗澡後一定將洗澡水漏乾淨，儘量保持浴缸使用後『空』的狀態，排水不良、發出惡臭均爲凶相。

西南（裏鬼門）浴室

落日進入則水容易腐壞，也容易發霉，所以如果是西曬的浴室，最好用黃色或麥牙色遮簾，換氣良好也可提高威力。

●玄關的對角線有什麼是風水重點

幸運之氣從玄關流入，因此玄關的方位非常重要，一般而言，東側、南側的玄關容易吸收太陽能源，所以被視為吉相。但是，玄關的位置還須依照道路而定，往往無法設於東側或南側。

當然，並非西側或北側的玄關就是凶相。如果你想安養天年，我就勸你挑選西北的玄關。不論玄關位於哪一個方位，期盼幸運進入家中還是得花一點功夫。

與其單看玄關方位，倒不如考慮道路與玄關的位置關係。其吉相順位如圖。

與玄關位置同樣值得注意的是，玄關與對角線區域利用法。從外面進入的運氣，經過中心向對角線方向前進，碰到牆壁後再折返中心，擴散至整個家中。這條通道就是家的龍脈，

從大門與道路的位置關係看玄關吉相順位

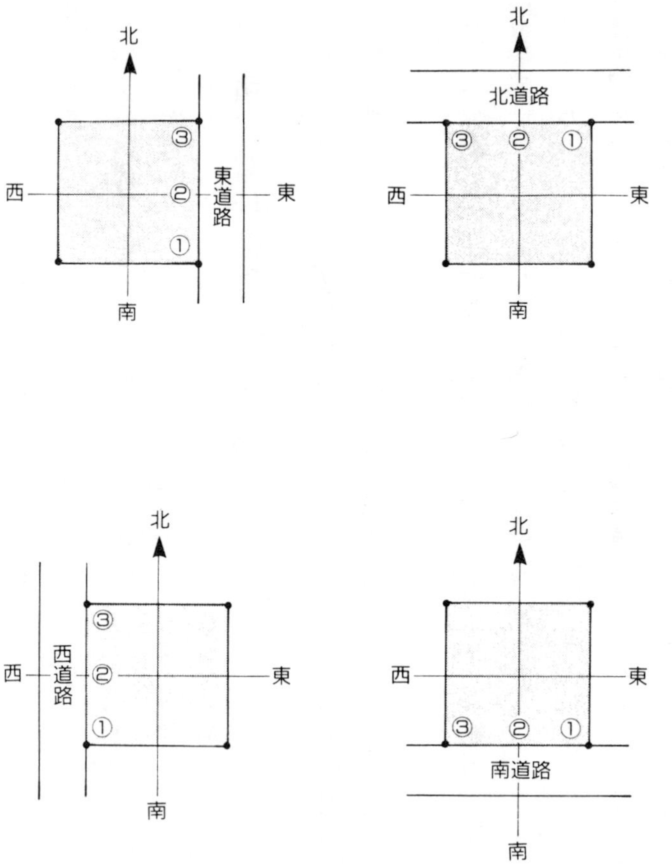

也就是所謂的幸運區，如果在幸運區上出現浴廁、廚房的話，幸運氣便降低效用，無法擴散至整個屋宅，不能稱為好住宅。

尤其日本人稱東南玄關為『巽・辰巳玄關』，認為這是吉相。但並不是只要玄關在東南便是『吉』。即使你家玄關在東南，但對角線西北方位有廁所、浴室、廚房等設備，則難得的吉相玄關也發揮不了效用。

●廁所最好避開鬼門

即使現代衛浴設備、廁所均稱得上豪華美觀，但至今仍被視為『不淨』的場所。因此，並非設在家中任何位置均可，吉方位就不適合。在風水剛傳到日本的時代，廁所是被設置在主房屋之外的場所，但在住宅區不足的今日，想要在住宅之外另設一間廁所，實在有些困難，而且相當不方便。

廁所最好避開鬼門方位。請注意表鬼門、裏鬼門中心算起四十五度左右。

此外，以家的中心點來看，最好避開東西南北正上方線上。馬桶不要位於正北、正南、正西、正東，即使只差一點點，也最好挪一挪。

如果你家廁所「正中要害」，則與方位相性佳的廁所陳設，尤其是馬桶蓋就很重要了。

家中龍脈、幸運區

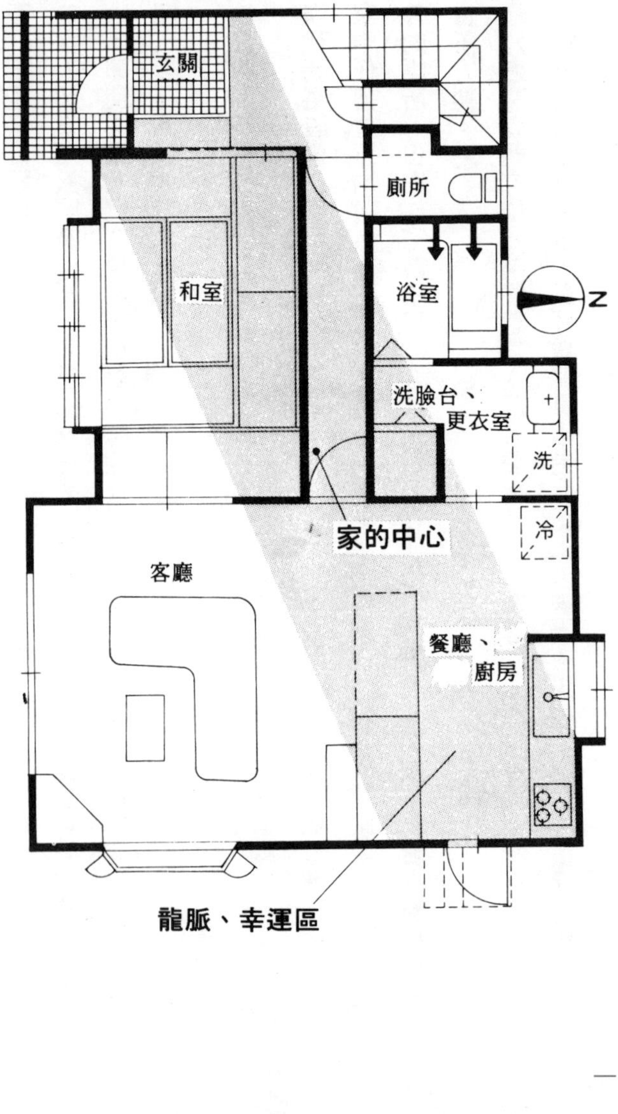

「創造幸福家庭」

●佛堂或神桌應位於什麼方位

最近許多年輕人來信詢問祭拜的方式，以及應該在什麼方位祭拜。這不單單是因為社會環境造成不安，還包含了對風水的運用，對先祖神明的感謝。從我的立場而言，這是相當可喜的現象。

關於佛堂或神桌位置的想法有二種。安靜的和室並不是唯一方法。看看祭祀時在神社飲酒、抬著神明大轎遊街的盛況，日本人就具有這種與神明感情艮好的民族性，所以，將佛堂、神桌設於家人聚集的客廳也很好。

但不論什麼場所，都須考慮祭祀的方位。最好在北方或西方祭祀，面向南方或東方。

如果房屋有二層樓，佛堂、神桌在樓下，樓上有其他房間的場合，可用毛筆在紙上寫個「雲」字，貼在神桌的天花板上。表示「這裏之上便是天」的意思。這個方法也適用於一般公寓、大樓，如果樓上有其他人使用，便寫個「雲」字貼上。

●風水好的獨棟建築最幸福

如果人人都能擁有好環境，則任何人均可幸福地度日。

談到住宅風水地理，其實就是講『如何在龍脈土地上蓋一棟吉相住宅，使住在當中的人幸福生活』的會話集。與其繁瑣地解釋不可以這樣，不可以那樣，倒不如簡單地說明何謂住宅地理，就是以如何吸收自然力量，讓家人幸福生活為重點。雖說如此，但也不是每個人都辦得到。

首先，每一間房屋都達到滿分一〇〇分就不可能。六十分左右已經算是上上了。自己先設定一個範圍，儘量在這範圍中取捨。

我本身的住宅地理也是六十分左右。五十坪的腹地，與鄰居壁貼壁而建，再加上家人數等考量因素，我想這已經是上限了。

以下列舉四項一定要避免的情形：

第一，面臨四米以下道路（理想為六米）。

第二，避免廁所設在鬼門線上。

第三，避免鬼門線突出或凹陷（參照六〇頁）。

務必避免的四種風水重點

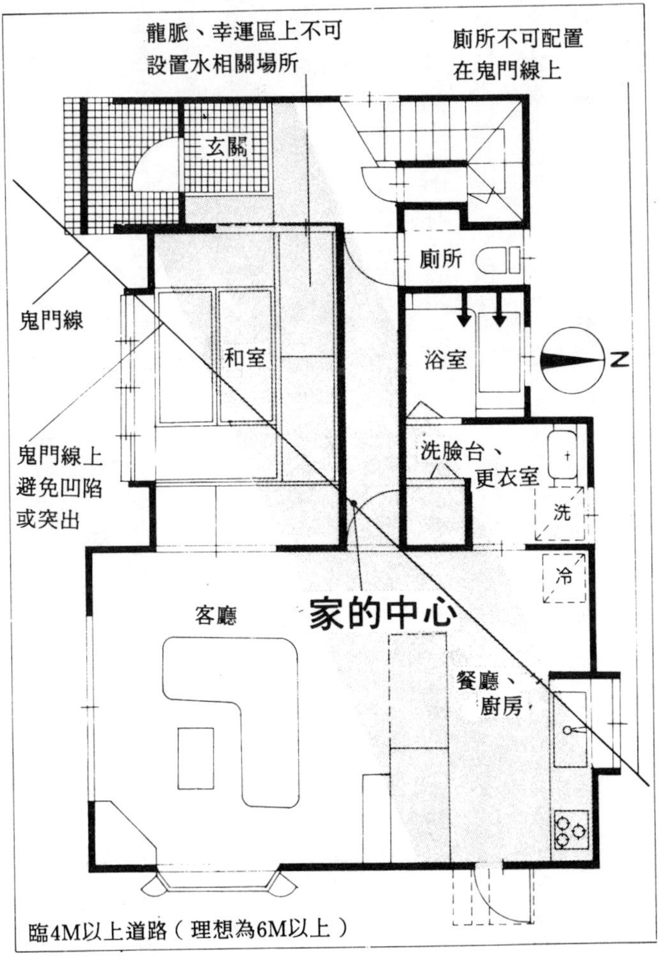

第四，玄關與家正中心的連結線上（龍脈、幸運區）不要有廚房、浴室等與水有關的場所。從玄關進入的幸運氣，通過房子中心、往對角線方位。因此，在此線上的水或火會使能量降低。

位在太陽系的我們，接受以太陽為中心的星辰所散發出來的能量，並受到地心引力影響。由此看來，絕對不能無視『中心』的存在。

幸運也一樣是往中心流。另外，睡眠的身體也吸收住宅風水之力，決定了人生的吉凶。

●別忽略破土典禮

從土地大小來看，八公尺平方為一個神明的領域。

當你進入某個團體中時，必須先和當地人打聲招呼，對於土地上的神明也一樣，在土木施工前，最好舉行奠基儀式，和神明打招呼，這就稱為破土典禮。

我們從土地的立場思考，一片土地直接接受陽光、風、水，應該相當舒適。現在要在上面蓋建築物，當然應該對土地表示儀禮。現在的儀式均簡化不少，正式的施行方法可以請教建築業者，然後自行判斷省略哪一部份，千萬別忽略這一項。

還好現代建築業者不論正式、簡式，大部份都會在蓋房子前舉行破土典禮，這種行動不但求施工順利，也包含對大自然的感謝。

自古以來，與大地共同生活的日本人便有一種觀念，如果你忘記對於土地表示感謝之意，則你腳下的土地就會崩裂。

我在購入一片土地，舉行破土典禮之前，都會在四周用心環繞一次，這時候，總是感到小草、土地，是多麼令人愛憐。

既然花了大筆金錢購買一片屬於自己的土地，就一定要活用大地力量，創造幸福人生。而且購地還得繳『地價稅』，從經濟觀點出發，不好好利用真是太可惜了。

有些人心疼破土典禮、上樑儀式所費不貲，但即使你花了十萬日幣，卻能在當地生活二十年，則每年也只分擔五〇〇〇日幣而已，如果這些費用能讓你創造一個舒適的家庭，就絕不是浪費。

建立一個新家，是人生旅途中相當幸運的一件事，坦白說，也是一件令人嫉妒的事。破土典禮、上樑儀式均可包給專門人負責，如此不但準備事項較完備，也比較有效果。

●改建應注意的事項

舊屋改建也有應注意的事項。可以將從前住在這棟屋子的是兄弟姊妹、親戚邀請過來，

重建、新建之最佳年月

	年	月
子年生的人	辰年或申年	辰或申月
丑年生的人	巳年或酉年	巳或酉月
寅年生的人	午年或戌年	午或戌月
卯年生的人	未年或亥年	未或亥月
辰年生的人	子年或申年	子或申月
巳年生的人	丑年或酉年	丑或酉月
午年生的人	寅年或戌年	寅或戌月
未年生的人	卯年或亥年	卯或亥月
申年生的人	子年或辰年	子或辰月
酉年生的人	丑年或巳年	丑或巳月
戌年生的人	寅年或午年	寅或午月
亥年生的人	卯年或未年	卯或未月

舉行餐會表達長年對家的感謝。小時候如果在學校碰到不如意的事情，便雙眼淚汪汪，現在眼見一直守護著自己的屋子就要拆了，總不能一點感情都沒有吧！對於舊家的感謝心情，可以為往後新建的房子帶來好運。

特別是廚房用具，水、火等和我們生活最密不可分的事物，也應該是我們最要感謝的部份，請準備酒、米、水、鹽等物以表達感謝。

解體之前往佛寺祈願，更能安心。

舊屋改建、購買新居的時間均有其相性，我列舉了生年十二支與相性佳的年月，請配合主人十二支，挑選相性佳的年月改建。

●客廳、寢室不要位於凶方位

客廳和寢室位於屋子的哪一方均可。就是不要位在凶方位。

一家人活動中心的客廳，在風水上對整個家族運帶來影響。一般均將客廳配置在日照佳的南側，但並不可一概而論日照佳的客廳就一定好。

例如，東南客廳會由於訪客多而顯得熱鬧，但家人很可能被外在意見所左右，一家人弄得四分五裂。南方太陽具活動力，所以家人比較無法心平氣和地慢慢聊，多半為向外一對一交往。

而北方日照不佳的客廳較不受歡迎，所以訪客也少，如此反而有利全家團聚。

接下來談寢室，地理學對寢室相當重視。

我在演講時總是盡力提醒大家，「寢室應該寬敞一點」。

當我提到「寢室裝潢應該多花些錢，玄關就不必那麼講究了」時，大家都忍不住哈哈大笑，但事實上就是如此。

寢室只要避開凶方位，其他不論在什麼位置均可，但最好還是配合太陽運行與年紀而定。活潑、對工作充滿熱情活力的年輕人在東側；想安享晚年的老年人在西側；厄運之年，寢室放在西側比較好；親子場合時，小孩在東、父親在西側。

如果從南北來考量，則小孩南側、父母北側。

這種位置也可應用在排餐飲席位上。

覺得家庭內部不太安定的人，不妨檢查看看順序是否不妥。

●寢室不能缺少季節花

夫妻寢室的東南、西北、東北方位不能放鏡子，否則即為夫妻離異的凶相臥房。

東南方有鏡子時，丈夫會受排斥；西北方有鏡子時，妻子無法適應丈夫的家庭生活；東北方有鏡子時，兩者均發生變化，各自交友、發展興趣。除了鏡子以外，水晶製品也得注意。

床鋪位置在中央最好，如果無法位於中央，則儘量在北半部。枕頭除了南向以外都好，夫妻房南方向代表離別作用，也不可放置紅色物品或水。

家內設計具木質氣氛、安定色彩為佳。請多少用些寒色系配色。另外，並該巧妙地運用花朵，從花風水理論而言，以季節花裝飾寢室，對於通風良好的寢室是相當重要的設計。

這套理論是從相同興趣、相同喜好的力量引申出來的室內設計術，對於煩惱『沒話講』的伴侶很有效。

●腹地的凹凸與建築物的凹凸

建築之一部份突出稱為『凸出』、一部份向內凹進稱為『凹陷』。『凸出』的方位使力量加強、『凹陷』的方位使力量減弱，但如果凹凸超過建築物一邊長度的三分之一，則不受影響。

『東南凸出吉相』，即東南方位向外凸出的建築物能夠繁榮昌盛，但並非凸出部份愈大

突出與凹陷的看法

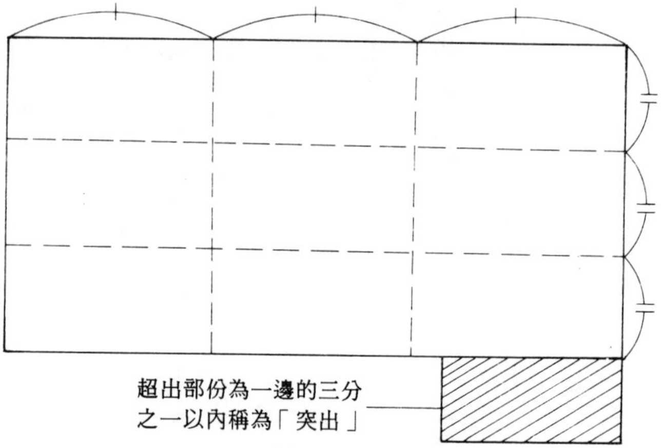

愈有力。

原本力量就相當強的鬼門（東北、西南）須特別注意。凹陷當然不好，凸出也會產生負作用。

在人口稀少的古代，建築物凹凸對家的影響力非常大，但現代住宅密集，影響能量也減半。因此對於凹凸不必太過介意，但在腹地凹陷的場合，請避免房屋建築也隨土地凹陷。

至於已有的凹陷情況，可在凹陷處另建一室當貯藏室，或用屋頂搭出來，當成植物種植區。

為什麼拘泥於三分之一呢？

在風水的起源地中國，習慣將事物分成三等分，例如上元、中元、下元，時代也分為年、月、日。一個單位代表整體的三分之一。

至於凸凹部份是不是在三分之一以內，請參照附圖所示。

如果超過三分之一，則一個單位便發生大變化。

●二代同堂住宅

建築二代同堂住宅也和客廳、寢室的情形相同，請配合太陽的運行。與雙親同居的場合，建築物最好區分為東與西或上與下。年輕夫妻住東或上，雙親住西或下。

家人衆多時，玄關最好設置在上午能照到太陽的方位。廚房保持明亮，設於通風良好的東或東南。

大約一年前，我看過一位讀者的住宅，見到了一位年過八十仍硬朗工作的老太太。這位老太太與長男夫婦同住，老太太住在東～東南方。兒子住在西方。

並不是說這樣絕對不好，但老太太積極地工作，她的兒子反而有種想退休的念頭。親子吉方位相反，使雙親使用了小孩的積極工作運，老人家站在第一線退不下來，小孩又爬不上去，總是不太好。

「貯藏的風水地理」

●貯藏也是環境之一。吸收幸運的貯藏術

家具配置的吉凶在風水上也很重要。是否擅於貯藏能左右環境的好壞。既然風水是環境學，那麼占據住宅空間不小面積的貯藏部份，也會影響住宅吉凶。

吸收幸運的貯藏術重點是，不要在幸運進入的場所（龍脈、幸運區）收藏堆積如山的物品，否則幸運不容易進入。

另外，預先規劃的室內設計很重要。一大堆物品放著不管，會使運氣停滯不前。所以，請在每個季節檢查你的貯藏內容。

以下介紹吸收幸運的貯藏術。依性格不同，從貯藏所吸收的幸運也有異。首先，請了解自己屬於哪一種類型，以下大致分為四類型：

●規規矩矩的A型——首重貯藏順序

對於各種物品一絲不苟、規規矩矩整理收藏的為A型。沒有收藏場所就沒辦法貯藏，這種人認為貯藏櫃應該有門才算貯藏櫃。在貯藏物品上花費許多時間，結果卻反而忘了什麼東西放在什麼地方。

即使他人看來根本可以丟掉的東西，他也不分優劣照樣貯藏得好好的。而這也往往導致夫妻吵架或婆媳爭執。由於什麼都捨不得丟，即使再大的貯藏室也不夠，整個貯藏櫃放得滿滿的，連清掃都有些困難，如果貯藏櫃位於幸運區上，就會降低住宅運氣。

奉勸你不要什麼都捨不得丟棄，有用的物品才貯藏最好。

首先，應清楚區分貯藏的優點順位。第一步，將所有物品全部搬出來，以尺量貯藏櫃的長、寬、高。接著寫一張貯藏品清單。依此為基準，考慮自己或家人的使用頻率及物品價值，決定優先順序。

如果你平常一想到貯藏品就一個頭兩個大的話，那你就必須抱定向收藏挑戰的決心。

利用照明設備仔細看看貯藏場所，便可容易區分要與不要的物品。

最好在打開貯藏櫃時立刻點燈，這樣的你才能清楚自己究竟擺了些什麼。

在物品上覆蓋紅布，或者在櫃子裏掛一件紅衣裳都不錯。醒目的時鐘也可開運。如果能播放輕快的音樂更好。收藏時最好事先自行設定時間，不要拖泥帶水地好像永遠整理不完似的。

●草草率率的B型——重複收藏為吉

對於貯藏物品不在行，好像從來沒想過要將東西收藏好，但是卻在必要時，好像有特異功能般，能從雜亂無章的物品中找出自己需要的東西，這種草草率率的個性稱為B型。

這種人收藏物品漫不經心，不是屬於實用派貯藏高手。本來應該放在上面便於取用的物品，他卻塞到拿取不易的下方，而且擺東西不考慮大小，零零散散地有空位就塞，外人看起來好像不是在貯藏物品，而是在貯藏『回憶』。

建議你改掉不加深思堆積物品的習慣，最好準備幾個貯藏籃。一層一層編織成的藤製籃子，可以使你的貯藏運提高。

將藤籃放在貯藏櫃附近，最上方的藤籃用白布覆蓋。因為白色可使人冷靜，而且可使放入物品清楚。

突然有訪客時，只要將這條白布覆蓋上，就不會讓籃內物品露出來。不久之後你便會發現，自己生活上只用到手邊這些物品，即使失去貯藏櫃內堆積的物品，對你本身也沒什麼影響。這時候，你便能活用有效的貯藏空間，達到最大的貯藏利益。

山景照片或圖畫，與堆積物品相性佳，是幸運的關鍵。其中又以白雪覆蓋的雪山最佳。

至於白布，以柔軟的絲、棉、毛織品為佳。

家具最好挑選抽屜、架子多者，表面最好有淡雅的木紋、具光澤品為佳。

各方位幸運色

●捨不得丟棄的C型——依方位改變顏色

與其說是貯藏，倒不如說只要有縫便塞，並以此為滿足的就是C型。

對C型人而言，捨與取的區分很重要。捨棄之前利用方位增運術處理，可達到最佳效果。

所謂方位增運術，就是將貯藏物依方位別區分幸運區，一項項有條理地排列好。例如，白色箱子在東北方位、紅色箱子在東方位。

依方位變化室內顏色也是一大重點。西側為黃色。東西南北不分地堆積就如同垃圾一樣，如果西側放置黃色物品，便可使物品重現價值，成為另一項財產。另外，冬季時擺水仙花和橘子可增加幸運度。南側為綠色。東側為紅或藍色。北側為灰色。利用樓梯間當貯藏空間時，必須注意不要讓物品佔據安全空間及阻礙空氣對流，否則將使威力降低。

只憑單一光源站在同一位置看貯藏空間，將忽略了實際的凹凸情形。最好將天花板照明關掉，利用可以移動的檯燈，邊收藏邊移動檯燈至最適當位置。改變觀點看貯藏室中的凹凸、縫隙，你就會發現自己亂塞了多少東西。這時請將縫隙內的小東西清出來，放在有架子的櫃子裏，或者利用箱子、盒子整齊排列，產生統一感。使用透明壓克力整理盒更好。

●什麽都丟棄的D型——活用貯藏空間的高低

這是屬於不用之物乾脆丟棄的貯藏高手。的確，東西愈少愈好整理。但由於單憑自己的價值觀整理物品，沒考慮到家中其他成員是否用得著，只要自己認為不合適就丟棄，也不算擅於貯藏。

另外，D型還有二大缺點，其一是採秘密主義，不喜歡他人碰觸自己整理過的物品，只有自己了解物品貯藏方式、位置；其二是缺乏美的感覺。但即使他有這二種缺點，卻仍算得上是四種類型中的第一名。只不過D型人對於小物品較擅於貯藏，類似滑雪用具、高爾夫球器具等大型物品，就不太拿走了。

收藏物品應該適材適所，如果物品不是貯藏在實際使用方便的場所，那即使你收藏得再怎麼好，也顯示不出貯藏效果。

尤其廚房、浴室、廁所等與水有關場所的用品收藏，好壞與否對整個住宅影響甚大。這時必須重視家人使用的方便程度，最好依用途不同，將高貯藏櫃與低貯藏櫃區分使用。下層供小孩使用、上層收藏大人用品或不可讓小孩碰觸的物品較具機能性。

D型依年齡不同，有其放置場所的限定。

二十四歲之前的人在東南方位收藏自己的用品，可提高戀愛運。同時由於與花的相性佳，所以如果不放貯藏櫃，就可利用花來裝飾。

二十五歲至三十二歲的人，西南方位放置自己用品可帶來幸運，否則請置茶色系列物品。

三十二歲以上的人，請在北側放置自己的用品以提高財運。否則請擺設黑色家具。

如何?依性格與收藏法不同，也有不同開運法。

讓我繼續為各位介紹風水的偉大吧!

「風水上的好套房可創造幸福」

●年輕人適合東西長型或正方形

市面上的小套房可大致分為南北長型、東西長型、正方形等三種。

南北長型房屋受南、北的力量強，受東、西的力量弱。這種房屋居住者人際關係不是很好，但卻會積財，行動力往往不足。

東西長型房屋居住者的人際關係良好，但卻不怎麼能聚財。由於經常外出疏於打掃，往往使得屋內不潔，好像只是睡覺的場所而已，沒什麼內容。

正方形的房屋則受力均等，大致可運用自如。

年輕人最好選擇較能實現夢想的東西長型或正方形房屋。現代許多小套房都是南北長，而且設計個小閣樓當床舖。睡在閣樓上成不了大器。就像貨物堆在屋頂上樑，並非吉相。並不是說附閣樓的房子就不好，而是最好不要睡在閣樓層。

住宅擁有相當大的威力。將風水應用在住宅上，你便能得到幸福的人生。如果你想掌握更大的幸運，就一定要實踐風水，努力工作吧！早日購置吉相新居，創造人生更輝煌的一頁。

南北長型房屋可東西而睡，枕頭位於東側，如此可於睡眠中吸收不足的東西之氣。東西長型房屋採南北向睡，可吸收不足的南北之氣。

前述為最佳狀況，但風水地理沒有滿分。尤其小套房更受到空間不足等各種限制。請你先設定自己的先後順位，盡可能在範圍之內實現。

●從目的別看幸運屋、凶相屋

以下將從工作、金錢、人際關係（戀愛、結婚）、贏得競賽等各方面探討屋相之吉凶。只要稍加利用風水術，即使相同房屋，運氣也不一樣。

事業發達

玄關設置於東方可增加運氣、充滿活力。如果西北凸出則上司運更佳。

西南方盡量不要設廚房、浴廁等與小有關場所，否則你將提不起勁打拚、工作無法持續。西南屬『努力』的方位，在此方位出現水或火，將使你無心努力，終日只想著玩樂之事。

財　運

西或北是掌握財運的方位。此處無水場、南側有窗戶的屋宅，企畫力旺盛，努力可獲得財富。

若玄關位於鬼門、西或北側有水場，則容易浪費成習，鬼門不乾淨則無法聚財。另外還有換工作、受傷的困擾。

人際關係、戀愛運、結婚運

在東西長的套房中，東南起居室有一大面窗戶，可使你的人際關係良好，包括與上司、朋友、戀人等等。但務必通風良好。

贏得勝利

這種場合也是在東西長的套房中，西北為通風良好的小客廳，則自然具有贏得勝利的運氣。勝利之後便購置白色圓形檯燈，在室內裝潢上花些錢，可以提升風水威力，否則會使運氣枯萎。

西北凹陷的屋子沒有勝利運。另外還得注意南、北兩方有廚房、浴廁的場合，將使氣無法冷靜地判斷，勝利猶如泥沼一般。

健康

廚房位於掌握元氣的東方，可以使氣在飲食上也精神充沛，過著與疾病無緣的生活。沸水在紅色火燄中滾滾翻騰的狀態，更能提升運氣。

若表鬼門或裏鬼門有浴廁等水場，或東西南北中心線上有水場，很可能健康受損。注意每天掃除乾淨，並以抹布擦拭清潔，保持換氣良好。

「往吉地遷移」

●認真打掃鬼門並以白花裝飾

找尋幸運屋的第一步驟，便是改變現在住宅的模樣。因為你想得到好的不動產運之前，必須提高你的搬家運與不動產運。

如果你的運氣不好，則不管你如何用心尋找，仍是找不到幸運屋。

找房子的訣竅是，請吉方位的仲介公司幫忙找吉方位房子。吉方位就是你的龍脈流向。談到本身所需具備的搬家運，第一步就應改變現有的室內裝潢。

首先是東北。此處其不動產緣份深，你最好認真地將此處打掃乾淨，並隨時保持整齊清潔，然後再利用白色花朵裝飾。

想得到幸運之屋，當然少不了金錢條件。所以必須提高財運，西方黃色便是第二重點。

另外，還建議你在西側擺化妝台。當你想要化妝、整理面容時，就必須向西行。在照鏡子時便掌握住幸運之氣。旁邊置檯燈更好。

接下來是東方。東方為資訊方位。想得到最新、最佳資訊，就必須提高東方力量。建議你在東側擺資訊類雜誌、紅花、紅櫃子，紅色室內裝潢必定能使你快人一步掌握最佳資訊。

●往吉方位找新家

決定住宅的條件，不外乎預算、通勤便利、購物方便等。但如果你只憑這些條件選房子，相當具有危險性。住宅具有左右全家人運勢的巨大威力，如果你不考慮這層力量，很可能讓幸運溜掉。

搬家是一件大事，應該利用方位力量掌握幸運。當你決定一間房屋之後，其四周環境便從此影響你及你的家人。搬家所費不貲，但這些費用不僅提供你居住而已，更提供你幸運之氣。找房子是對於自己與家人幸運生活的投資，怠慢不得。

搬家的方向，必須從現在住宅往吉方位而行。請先從本命星表中找出自己的本命星（第一七八頁）。

知道本命星之後，再從吉方位表找出自己的吉方位（第一七九頁）。

往「◎」或「○」記號方位遷移最好。「△」平平。無記號為凶方位，盡可能避開。

如果要配合全家人的共通吉方位找房子，將會受到相當多限制。基本上以家中主人吉方位為準。

再傳授各位更上層的技巧。

方位各有其特性。同樣是吉方位，但若是配合目的決定方位，更能使你早日如願以償。找房子之前，先想想自己想過什麼樣的生活。

希望得到小孩的人，請往代表夫妻感情、性生活的北方，或代表母性、家庭、小孩的西南方。

期得婚姻事業兩成者，請往代表工作、成功的東方。

想一改過去的不幸、接受大轉變者，請往代表變化、大轉向的東北方。

期望獲得雙親支援者，請往代表長輩、支援者的西北方。西北方屬於威力強大的方位，希望你能努力祈求更多神佛的幫助。

希望獨立的人，請往獨立運氣所在的東或南方。

想提高財運的人往西方。但不管哪一方位，都必須在吉方位時遷移。

接下來就必須講究新家的地理了。

第　二　章

工作與事業成功

你付出心力、勞力工作，然後得到薪水，這是一般人對工作的定義。

如果你奉獻十分的力氣，只求取五分的回報，那你一定可以從工作中吸收使你人生更豐富的力量。

記得小時候，經常和一大堆工人一起吃飯、看他們工作。

即使只是孩子，我卻體會得出這些工人對我父親的尊敬。

那已經是大約四十年前的事情了，當時努力為父親工作的人，有些現在已經是大企業的老闆。

在將近百人之中，從未聽過他們對工作、待遇有什麼不滿，也不會動不動就嫌薪水少、要求加給，與今日風氣全然不同。

我本身也不是為了錢而工作，我覺得工作是為了實現自己的夢想。只要從這遠處著眼、近處著手，夢想不久便能夠成為現實。

最近每逢週六、週日，我都必須為了電視節目或演講而成為空中飛人，體力上備感疲勞，不由得埋怨為我安排行程的秘書，但他們也和我一樣趕來趕去，卻沒有怨言，不是因為「小林先生一個人很孤單」，而是想趁年輕多吸收一點我的知識。

正如前述「三十歲的身體有七十歲的智慧」一般，他們真正實踐「二十歲的肉體有五十歲的智慧」。

看見他們的模樣，我知道他們一定也了解如何與家人共創幸福生活的風水術。

年輕時拚命想賺錢，父親卻不斷告訴我：「多做三倍工作！」雖是幾十年前的事了，我至今仍時常想起，而且我的筆記本永遠清楚記載著那段話：

『請相信它，你將會得到意想不到的守護，這才是身為人的最大價值，代代相傳，不要懷疑。』

也請你將這句話記在筆記上吧！

「任職」

●在心目中理想的公司前留影，並置於家中的公司方位

還沒決定進入哪一家公司之前，請致力於資料蒐集。這時應該利用東方能源。東方與時鐘相性佳。請新買一個圓形時鐘，因為圓代表緣。

已經決定自己想進入哪一家公司之後，請先在其公司前端端正正地照張相，當然是你一個人。然後將照片放在從你家看去的公司所在方位。如果此方位正好是臥室就再好不過了。

接下來就要找『門路』，問問親朋好友有沒有認識這家公司負責人，或者打聽公司什麼時候招考。向人探聽時一定要親自詢問。

見面場所在你家或對方家都可以，但最好選擇『和室』。榻榻米、格子門、木製天花板氣氛，是對日本人而言最正式的場所。

在和室應該端正而坐，頭部保持水平，頭部下垂的姿勢在風水上而言，具有垂頭喪氣、達不到目的的意思。一定要認真地向對方傳達你的希望。

座位依一般禮儀，請對方上座，你不要坐在對方的正對面，因為正對面代表對等之意，應該稍微偏向入口方向坐。

飲食最好選擇日本料理。由於商量事情需要花長時間，所以準備美味的冷盤比較合適。推薦各位食用增進人緣的長條形食品，例如，配有菜色的生魚片或海鰻、魚肉捲、麵條等等。米飯也是帶來好運的食物。另外再準備白色饅頭或豆沙包，當地名產等點心。

●面試時穿著白色或紅色內衣較具吸引力

面試可說是最難的一關。如果你與公司相性不佳便無法錄取。面試人員可能有好幾位，你必須讓每個人都對你留下好印象。這時候，香味就很重要了。日本人最喜歡海潮香味，其次是森林香味。這二種香味具有緩和緊張的效果。你可以利用浴精、古龍水，讓整個房間散發出迷人香味。面試時也請隨身攜帶古龍水。

服裝方面，套裝最合適。大多數人喜歡穿藏青色、灰色系，但這些是屬於讓自己很難散發吸引力的顏色。為了提高你的運氣，請你穿著白色系列或紅色系列內衣。雖然面試人員看不到內衣，但由於內衣直接和肌膚接觸，可直接發揮威力。

最後，要在五分鐘到十分鐘之間讓對方留下深刻印象。外表仍是最重要的條件。不用說，男性應該讓人覺得精幹、女性應表現美麗大方，兩者都要顯出智慧與工作能力的印象。除此之外，請利用光亮物品，例如噴些光亮整髮劑、讓頭部顯現光澤，女性也一定要讓肌膚顯得柔軟光滑。戴眼鏡的朋友更得注意，當天務必將眼鏡清洗乾淨，再噴些除霧劑。

面談前一天的食物也很重要。米飯能提高上司運，麵類等長形食品可增加柔和運氣，沾醋食物可讓你製造出跟隨時代潮流的氣氛，蔬菜沙拉能提高工作運。以上食品不但讓你營養均衡，還可令你面試成功。

●希望就職事務系統工作者積極食用日本料理

接下來是希望從事工作類別的風水術。

例如，你想擔任事務方面的工作，就必須利用坐辦公桌所需的冷靜沈著之力量。北方與水相性佳，請你以寒色系家具佈置寢室北側，尤其檯燈是幸運物品。白色或藍色服裝能帶來幸運。

食物以日本料理的相性佳，所以最好多吃豆腐、生魚片等食物。履歷表也不容忽視，請在晚間沐浴後向北而坐、冷靜地慢慢寫。

●希望販賣、服務方面工作者，紅色是重點

販賣、服務相關行業請依下列方式增運：

首先，服裝、室內擺飾、小物品等，請使用紅色。

食物方面，平日多用番茄醬、紅蘿蔔烹飪，紅色食品是重點。

為了提高積極性與行動力，請記得隨時利用電話聯絡，確認約會時間、地點。

履歷表在休假日早晨面向東方，一邊聽音樂一邊寫三家公司的履歷表。

●希望就職企畫、技術方面工作者，請一星期食用三次海鮮

企畫、技術方面的工作請多利用綠色、發光物，室內設計當然擺一些流行發光品最好。

中午休息時進行日光浴可提高運氣。

飲食方面，請一星期吃三次海鮮。

履歷表請於休假日中午時分，在房間南側面向南方而寫。

「提高工作運達到成功」

●東方紅色提高工作運

提高工作運最重要的是有充足的睡眠，睡眠不足不僅工作不順，而且會影響人際關係，早睡很重要，如果睡不著，可參考本書『快速睡眠』。

為了在工作上有幹勁，可在房間東方放CD音響、紅色物品。另外在公司辦公桌右手側放紅色小東西，人一看見紅色精神就來了。

●壽司是提高工作運的風水食品

壽司可以提高工作運。

除了壽司之外，沾醋食品、沙拉、新鮮魚類、光鮮衣著等也可提升工作情緒。

黃蘿蔔等需用牙齒咬的堅硬食物，可提高工作積極性，為工作帶來好運。如果現在一點工作慾也沒有，不知道該從何處著手時，蛋就具有效果了。蛋能引起你向新事物挑戰的精神，早晨吃一顆新鮮雞蛋，你整日都具有幹勁。蛋也是希望變化時的好食物。

想提高企畫的人，蝦、蟹等甲殼類是最佳食品。甲殼類具有提高靈感、企畫力、人緣的威力，能使靈感成形，寫作力提升。

營業員想擴大客戶群時，牛奶或乳製品最合適。這能開展你的上下人際關係，積極擴展人際關係者，請多吃起士、奶油、牛奶等。

休息時間喝些紅茶或咖啡，具有轉換心情的作用，能在你疲勞時重新振奮心情。但必須注意的是，茶或咖啡和各種食物一起食用，則食物運氣會零零散散，飯後再喝杯咖啡或茶，則可中和各種運氣。

●紅花使你振奮精神、藍花使你計畫實現

想提升工作情緒、振奮心情，紅色最具效果。在花朵方面也是如此，不管什麼種類的花朵，只要你在房間的東方裝飾紅花，便能提起幹勁、勤奮工作。但拚命地工作、謹慎地計畫，卻始終無法提升行動力，或者各項計畫無法付諸實現的人，就必須將藍花裝飾在東方。不論是哪一種方式，最好都以三色花組合而成，然後將紅花或藍花置於中心，便能吸收旺盛之氣。

靈感是企畫很重要的一部份，在南方擺一對觀葉植物便可刺激靈感。這個方法不僅對缺乏直覺感的人有效，對於愛美的人也有效。

房間南方以綠色觀葉植物為主，請成雙擺設。值得注意的一點，南方忌水，所以最好不要使用花瓶，盆栽比較理想，而且避免使用需要大量水分的植物。如果你一定要使用花瓶，請盡量挑選水晶之類光亮品。花瓶也好、盆栽也好，都必須擺二個。

●新企畫資料放在辦公桌右側、企畫書放在左內側

依職業種類不同，提升工作運的風水術也不同。

首先是企畫方面，絕大多數人都有「明天要開會了，還想不出好企畫」的經驗。

這個時候，海鮮食物便具有效果。尤其紅色可提升工作運，所以建議你多吃蝦、蟹、章魚等海鮮沙拉。另外，酸類食物對激發工作幹勁很有效果，所以請多吃些沾醋食品。

再來就是讓你的辦公桌具積極性、社交性、獨創性。右側有抽屜的辦公桌最好，右側有抽屜則你坐在左側，辦公桌上右側可使用範圍也較大，即東方位較大。東方位是掌握積極性、社交性的方位。電話、傳真機、筆記、新企畫的資料或名冊資訊相關資料，請放在右側桌上或抽屜內。至於要對上司提出的企畫書，則置於西北的左內側。這二類資料分別放置是重

點所在。資料夾最好選黑色或白色。桌上舖一塊透明軟墊子，將座右銘夾在上面，反面寫人生目標，最好不要太醒目，在自己看得見的範圍之內即可。家人的照片或印章放在左側抽屜最裡面，垃圾桶以青、黑為佳。

●辦公桌左側放置客戶資料可提高說話術

接著討論營業方面。想提升營業成績，首先也得藉東方力量。重點在於東方的紅色及聲音。東方請置紅色物品，以及能使自己振奮的聲音。例如，電話、紅色卷宗、紅色檯燈等等。營業用資料請放入紅色檔案夾，然後與鬧鐘一起放入辦公桌左側抽屜。

人際關係與說話術也是營業上的重點。這時得利用西方之氣。辦公桌西側，也就是左手側，請擺與客戶交談有關的書籍或報紙雜誌，以及對方公司的名片、紀念品等等。此法有利於你與客戶交談不冷場，你們之間能不斷湧出話題。

西北方位代表上司的位置，也就是左內側，請擺對方公司的上司，或學校前輩等可以幫助你的人名册。交易對象的資料放在西北，其他資料放在北方。辦公桌最好在左側。

●文書工作左側擺黑筆記可保持安定

文書、管理工作的辦公桌，必須顯現堅實、慎重、正確。企畫、營業方面的配置比較傾向於引用太陽能源，與此相比，著重正確、堅定事務處理能力的文書管理工作，就比較傾向於利用太陰能源。

左側抽屜辦公桌最好。黑色筆記、電腦、傳真機都放在左側，醒目的便條紙則置於右側。另外，辦公室右內側放置白色物品，家人照片放在左側內抽屜。椅子適合粉紅色系，垃圾桶置於桌內腳邊。

●每天早晨吃三顆梅子可達成功

想要成功的人，最重要的是衣食住各方面講求均衡調合。其中影響最大的是住的部份，所以首先便從住開始調整。

最理想的隔間是東北和室、西北寢室、東南玄關、西南沒有大開口場所。

不是屬於理想配置的場合，就得退而求其次注重寢室設計。睡眠空間對於成功運很有效。

首先，睡眠位置在房間的中心。為了提高機動力，必須吸取太陽東昇的能源。因此枕頭位置在東方，枕頭旁邊利用紅花擺飾。寢室東方請設置電視位置，如果期盼長官提拔、照顧的人，可在西北方位放桌子或獎狀，以吸收西北之氣。

期盼得到人緣者，可在東北放書架，然後將與工作有關的文件資料放在架子上。期待社交性者，可在南方放置時鐘。若於努力得不到回應者，請在西南方放置衣櫃或五斗櫃。

要想提高工作運，必須活用東側能源，要想達到成功，必須提升東方運氣。在行動上而言，最重要就是早起。其他還有大笑、唱卡拉ＯＫ、唸自己的名字三秒鐘等方法。

飲食方面，請一星期吃四次以上番茄醬、每天早晨吃三顆鹽漬梅子，如此可提高東方力量。

服裝也是達到成功階段不可忽略的重要項目。請多參考流行雜誌、資訊。這時請將雜誌放在寢室南側、在南側窗邊閱讀。

「增進公司的人際關係」

●了解上司標準、創造同事交際的環境

為了促進公司內部人際關係，你一定得把工作做好。首先，請確實依照前述辦公室風水術實施，這是與上司、同事良好相處的第一步。

為了與不太好相處的上司交往良好，基本上你應先了解上司的標準，並持尊敬的態度。不管他是什麼樣的人，上司就是上司。有緣份才有交往。如果你總是對他採取排斥態度，他又怎麼會對你產生好感呢？所以認同上司是促進良好人際關係的第一步。

至於同事方面，必須佈置同事之間具有同伴意識的位置，不是互相視為競爭敵手，而是彼此接納的『環境』，這樣才能使人際關係協調良好。即使對於同事沒有競爭意識，但只要你的運氣比別人好，最後你還是在同事之間贏得勝利。同事即環境，被同事討厭就像工作環境受到污染一樣。

●寢室西北放上司的照片、西南放同事的照片

心理準備好與公司同事融合成一體後，就請儘快付諸行動。如果想進一步增進與上司的關係，可利用公司團體旅行時與上司合照，然後將照片放在辦公桌左內側抽屜（西北）。如果沒有機會合照，也可利用書寫名人格言的便籤。西北代表與長輩、上司人際關係的場所，最好在辦公桌西北側桌面或抽屜內放置這些人的名片。茶色系物品與準備向上司呈閱的報告

、提議企畫案等資料，也請放在這裡。

若以西北為上司方位，則西南為同事方位。辦公桌西南方位，亦即左手外側位置，可放置同事合拍的照片、與同事有關的名片、記事本等。如果有同事贈送的物品或綠色系小東西，也放在這裡。

一起用餐、購物的餐廳與飯店名片，放在西北或西南也很合適。

與同事、上司一起喝茶、吃飯也是促進人際關係的好方法。吃相同火、相同鍋烹調出來的料理，則體內細胞的律動也一樣。建議你們食用麵類，因為長條物代表人際關係長久。

自己的寢室方面，如果希望與上司關係良好，可將與上司的合照擺在西北。與同事的合照則置於西南。睡眠中受到二者散發之氣流包圍，自然使得你在公司的人際關係良好。

穿著白襯衫上班也是方法之一。

●家庭與事業兩全

這是在女性上班的場合，如果廚房位於幸運區，則以家庭為中心，很難家庭、事業兩全。

換句話說，這是家庭運強的家。

這時候，女性最好走入家庭，利用風水術使先生事業成功、取得高收入。

如果本身實在很想上班，就依廚房方位別採用幸運色。

東方廚房為紅色、東南為橘色、南為白色、西南為茶色、西為黃色、西北為墨綠色、北為粉紅色、東北為白色。

請將這些顏色應用在廚房設計上。如果能配合廚房用品、圍裙則更具效果。

廚房不在幸運區的場合，為求家庭、事業兩全，廚房仍然是重點，請利用上述幸運色。

頭腦先預想凶作用，事先做好心理準備，也可能使凶作用消失。

●非往凶方位出差或旅行不可的時候

出差或旅行的場合

常常會遇到出差或旅行方位為凶方位，但卻不得不去的情形。這時該怎麼辦呢？

如果是出差，可盡量縮短時間

還有一個好方法，就是先往吉方位前進，大量吸收吉能源後再往目的地，也可降低凶作用。

若是公司內部團體旅行的場合，即使對你來說是凶方位，但一定對某些人而言是吉方位。與這些人共同行動也可避免凶作用。

往凶方位時，其方位所擁有的力量容易發生反作用。所以可以預先想像凶作用，事前做好準備，也可使凶作用降低或消失。

東南具有交際運威力，但若東南為凶方位，則往東南移動會使交際運降低。所以在出發前調整人際關係，則凶作用應該也起不了作用。

南方具有熱情威力，但若南方為凶方位時，熱情會起變化，容易造成吵架、爭執等事端。隨時提醒自己保持冷靜即可避免禍端。

西北方為凶方位時，可能與上司關係不睦。

北方為凶方位時，來自周圍的信任容易瓦解，或者發生什麼不道德事件。

換公司或公司遷移的場合

有時你會遇到公司遷移、換公司往凶方位的情形。可能的話，最好休假幾天，先往吉方位旅行，然後再從旅行地往上班地點出發。第一天的第一步，希望你往吉方位踏出。

另外，即使公司不變，但隨著月份改變，總有遇到是凶方位的時候。此時請多繞點路，踏出玄關後，先往吉方位走三步，再往車站走去。

「哪有這種事！」也許有人會這麼想。各位朋友，請相信前人的經驗，以上步驟一樣也別遺漏，相信你必能在工作上勝任愉快。

「換工作、獨立、取得資格」

●肉排與豆腐料理提高換工作運

為了換工作成功，你必須使現狀往好方向轉變以掌握運氣，這時必須利用具有變化成功的東北方能源。東北還具有提高財運的威力，所以你也能夠期待換工作後收入增加。東北威力可利用吃肉排或豆腐料理、穿白色衣服、往高樓建築物等方式吸收。所以在面試前一天，一定要穿著白色服裝到高樓層餐廳吃份牛排大餐。

你還必須活用以東、西北、西南為頂點的小林流三角形威力。吸收東方最佳資訊、西北好上司、西南專心工作的運氣。

在提高東方能源方面，唱卡拉ＯＫ、學英語會話等語言、與年輕男性交談等都是好方法。早起享受朝陽則是最佳秘訣。

為了提高西北能源，你可以傾聽長者的談話。商談有關換工作的事情。這時候場所選在與西北相性佳的和室很適合，一邊喝日本酒一邊交談。西北與高級品相性佳，所以最好吃高級食品。你的服裝也必須講究。如果是因為得不到上司照顧而想換工作的人，請往西北方位的佛寺參拜。

西南方位威力的提升必須依賴泥土。赤腳走在土地上、房間內放一盆觀葉植物都不錯。打高爾夫球也必須在土地上步行，可說是最合適的運動。如果從自宅而言西南方是吉方位，則往西南高爾夫球場最好。

以上方法實施三個月後，再往換工作一途衝刺。

●想取得資格者請在南方擺書桌與照片

取得資格所需要的是南方具有的知性威力。請將你的書桌移到房間的南方，書桌上擺一張自己的照片可以增加運氣。另外擺一對觀葉植物，床鋪靠東側，頭睡在南方，寢具採用綠色系列。

此外，孜孜不倦地努力也是一大重點。請你一定要有坐在書桌旁讀書的工夫。如果書桌放在南側，無法定下心來讀書時，可將書桌坐向調整為向北；對於實力無法發揮的人，則書桌向東。

●想獨立的人請食蘿蔔等根莖類食物

獨立運氣位於玄關。東方或南方的明亮玄關最具有獨立運，如果這些方位沒有玄關，或是玄關在東方、南方，但顯得陰暗的時候，請利用照明維持明亮，並隨時保持清潔，紅花也可提高獨立運。

玄關問題解決後，接下來便是認真努力運氣的提升。請吃根莖類食物。穿茶色系列服裝。西南為吉方位時，往此方位泡溫泉等等，都可使你的努力威力提高。出外旅行請挑選陶器，供往後自宅使用。

此外，獨立也不可缺少營業力。營業力與聲音相性佳，請在寢室東側放音響或CD唱盤，有空去聽音樂、唱卡拉OK也不錯。

接下來必須具備長遠的眼光與企畫力。經常與演藝界人士、政治人物接觸可吸收威力。寢室南側掛上喜歡的明星照片也是好方法。

經濟力與買賣威力在西方位，北方具有蓄財威力。當西方或北方為吉方位時，請往此方位溫泉泡澡。而往西行時，請吃具有北方運氣的日本酒與豆腐料理。往北行時，請吃具有西方運氣的法國餐與白酒。

「辦公桌風水術」

●營業或企畫為右側型、管理或文書為左側型

前面已經多次提到辦公桌的方位識別法，風水上以坐椅處為南、桌子對面為北、左手側為西、右手側為東。不論辦公桌坐向如何，此均為基本形。

東方利於事業發展、西方主金錢與話題、南方為名譽及靈感、北方為知識與信賴、西北為上司運、西南為同事運、東北主成績向上及成功運、東南具有交際運。

辦公桌分右側、左側、兩側等三種類型。右側辦公桌的東及東南使用範圍較廣，所以有利交際、發展，是比較適合營業、企畫性質的辦公桌。左側辦公桌的西及西南使用範圍廣，有利金錢運及上司同事之間的交往，適合管理性質工作。

●辦公桌右側放置青色物品可使辦公室戀愛成功

想使辦公室內戀愛成功，首先需要促進發展的東方威力及增加戀愛運的東南威力。再配

辦公桌方位看法

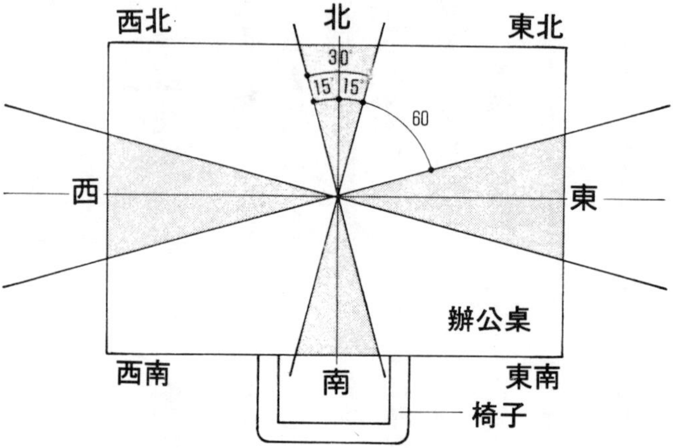

合提升自己行動力使工作圓滿達成的南方威力更好。

換句話說，右側辦公桌較有利，因為右側可使用範圍較大，如果是兩側辦公桌，則請多活用右側抽屜。

辦公桌東側放電話。電話前面放白色便條紙，另外擺一些青色小東西或文書等。青色用紙、筆記或青色書寫用具等物，都是辦公室內戀愛成功的關鍵。

右側抽屜外側，也就是東南側，請放粉紅色檔案夾收集名片、名冊等。

南側座位所在的抽屜，請放紅色物品以提高行動力。椅墊也請用紅色。

辦公桌前若排列多種資料，最好在北方放置較深顏色檔案夾，愈往西北顏色愈淡。這樣會讓別人覺得這個人「真有一套」。

●辦公桌東北側放高大物品有利於公司外戀情順利發展

辦公桌外的戀情能夠順利發展，有賴於將公司的好運向外延伸，這時可在東北方位放置高大物品，如此則不受同事打擾。

另外，請在交往位置的東南放古龍水。東側放電話及藍色物品、座墊用紅色，至於西北方與辦公室內戀情成功方式一樣，用淺色檔案夾。

●賭運要靠辦公桌右側的黃色物品及雜誌

沒有財運的人不論怎麼賭都不會贏。即使贏到錢之後，也會發生某些意外支出。

想提高賭運，首先應提高西方與北方的金運。接著再提高投機必備的南方與西北方之氣。

財運在西方，所以左側抽屜辦公桌最好。

西側放置黃色物品可提高財運，也能增進賭運。請你在辦公桌上或抽屜內放置黃色物品。賽馬快報等資訊也放在西側。

北側也是左右財運的方位。桌子正面抽屜的最內側為北，請你將存摺、印章等和錢有關的東西放在此處。如果有黑色筆記本、名片簿等也一併放入。

南側請放置暖色系物品以提高注意力。

西北位置放黑色系、茶色系的檔案夾、文具用品等小東西，可增進賭博不可或缺的沈著、冷靜。而且對你與上司之間的關係也有正面作用，可謂一石二鳥。

真的嗎?你試試看就知道。

第三章

戀愛、結婚、家庭

婚姻影響一個人的吉凶最厲害。

「希望有一段甜蜜的戀情、渡過幸福的人生」誰不希望如此呢？但不知為什麽，戀情不圓滿、婚姻不幸福的人何其多，其實正確答案是婚姻運還沒降臨日本。

一九九四年之前真是婚姻不景氣，但現在不同了，從一九九五年開始，婚姻運氣從西方國家東移，覆蓋了整個日本。

從現在起，你必須稍微調整自己的腳步。包括室內設計、飲食、穿著、日常行動、旅行等各方面，都必須依照風水方式處理，使你自己充滿著戀愛體質。

「怎麽會和那種人交往呢？」想想看你身邊是不是有這種人？我們不難見到一位男性同時和多位女性交往，或者多位男性同時追求一位女性的情況，往往令人覺得「不公平」，但心理也想一探究竟，到底他們是怎麽能夠獲得這麽多異性的青睞，答案正是因為他們了解風水，或者他們根本不了解風水，但是卻在無意之間實踐了風水術。

好，我現在就將戀愛與結婚擺在一個主題上，以『一起幸福生活』

為目的。

重點在於，和這個人在一起會幸福嗎？這種想法不論男女均然。適婚年齡層最應該關心的問題是你本身的機運。風水上所謂的好男人、好女人，其實就是指機運好的人。

雖說人生是一條漫長的路，但再長也只有一次而已。我所持的論點是，不需要遇見與自己無緣的人，即使相遇也只是多餘的，我們稱為機運不好。請你從這層意義來看自己的機運。

以下將人分為三種類型。不早婚即喪失結婚運的人、晚婚才有好姻緣的人、時間或年齡均依本人而定的人等三類。

最令人擔心的是，結婚運很早，如果年紀輕輕不結婚，機會便悄悄從身邊溜過、結婚機運也有遺傳，亦即一個家庭的特徵，一般而言，從父親幾歲結婚便可知道自己的婚姻機運。

值得注意的一點，如果雙親有離婚經驗，則自己踏上此路的可能性也較高。

每個都希望談戀愛、希望結婚、希望擁有家庭，因為人是群體動物，希望和家人一起吃飯、生活、愉快渡日。要找對共同生活的對象，開頭的機運很重要，請你自己想想看，身邊有沒有這種機會。

如果你在公司內有這種機會，就請你多多加油。我曾站在女性的立場，提出『就職是結婚的入口』之說。所以請你從公司內部尋找合適對象。如果三年還保持原狀時，就得往外發展。

若是有合適對象該怎麽辦？這是接下來的問題，也就是約會。

「希望再見面」的氣氛製造很重要。約會結束後，你必須掌握機會，表達能夠盡快再見面的心情，「我再打電話給你」是很多人的道別話。

不要任由感情自然發展。事實上，感情也是需要努力獲得的，多說一些悅耳的話，對你並不會造成損失。「和你在一起很愉快」，你聽到這句話會不愉快嗎？而雙方感情要順利發展至婚姻階段，你還必須在風水上多下一些工夫。

本章將敍述從見面至戀愛、結婚、家庭的風水術，但在進入本文之前，首先請你自問，你對戀愛的期望是什麽？你對婚姻的理想如何？因為這與你是否能掌握幸福戀愛、婚姻關係密切。

也許你的夢想不見得能帶給你幸福，不要只一味地想實現夢想，否則很可能導致不幸結果，或者為了維持夢想中的幸福，不得不做一些犧牲。夢想歸夢想，人還是不能忽略現實。

幸福是在你想不到的時候發生。

也可能是和你想不到的人共同發生。

你本身能具備這種想法最重要。

請你先有心理準備，依照自己的理想而戀愛、結婚、成立家庭的人，恐怕一萬人中也找不到一人。

每個人都有與生俱來的姻緣，如果你還沒掌握就讓它溜掉，那麼最可惜的事。以下就教你掌握戀情與婚姻的風水奧義。

「戀愛」

●期待戀情應吃長條形食物

首先從最簡單的食物談戀愛風水。

與異性結緣的好食物有蕎麵、烏龍麵、鰻魚、秋刀魚等長形物。約會時基本上點這些食物就ＯＫ了。如果還要配點菜色，就來盤炒青菜、文蛤等。期待見面時也可以吃這些食物。

順便談談期待見面的場合，到店裡用餐時，盡量坐在長椅上。因為長椅旁邊誰都可以坐，比較容易吸收日光與衆人聲音。請你習慣攜帶長傘、長花。吃法國麵包也很好。衣著以白色或淺粉紅配色為佳，皮包則不要太大，小巧一點比較好。

此外，透明色有利男女關係親密。粉圓、洋菜、海蜇皮都是不錯的食物。長條形食物當中，食用香味濃烈、色澤鮮艷食品，對異性較具魅力。

雙方關係比較親密之後，請吃火鍋或豆腐料理。因為這些有利異性親密關係。

豆腐能使男女親愛程度提高，增加性愛親密關係。如果在有隔間的場所用餐，氣氛立刻顯現。

海鮮也是能提高約會運的風水食物。在容易緊張的初期約會，白色沙拉醬可增加親密度，蝦子、蟹等甲殼類食品也可使魅力湧現。通心粉與麵類很相近，具有結緣效果。

苦惱於戀愛問題時，吃魚可使運氣好轉。白色魚可使男女感情加深，紅色魚可使任何對象打開心胸，具有增廣交際之威力。

●女性迎巽風可得良緣

日本自古即流行一句話，『女子當迎巽風』。巽方即東南方，意思是女孩子的緣份是乘著此方位清爽的風而來。

為什麼緣分來自東南方呢？

好消息，好傳言都是乘著柔和清爽的風而來。

風可以使很多東西飄揚、搖曳。葉子受風吹而搖曳生姿，不但形狀改變，連聲音也出現了。形狀改變代表著某種風情。

這在風水上是重要條件，期待戀人的時候，與其將頭髮剪短，不如讓它迎風飄逸。迎風顯現柔和、清爽感覺的現象，是對女性戀愛而言的重要條件。

關於住的方面，如果你能製造『迎東南風可得良緣』的狀況，則戀愛必能成功。

那麼，迎東南風是哪一種狀況呢？

住屋的東南為寢室、房間的東側與南側有窗戶，日照通風俱佳的環境對戀愛很有利。

房間最好在三坪以上，天花板也盡量高一點，因為空間寬廣氣流才佳。

家俱選擇木製品，窗簾、床罩等選用暖色系列，自然品比人工品好。

隨時保持潔淨，照明必須明亮。

相反地，也有對於戀愛不利的房間。住宅房間位於西北、窗戶設在北側，東側及南側受不到日照、灰黑色窗簾及寢具、黑色家具等等，都不利於戀愛。如果連照明也陰暗，那根本就是與戀愛無緣之屋。當然，不常清掃的房間也在此列。

●頭向東南睡花色枕頭可提高戀愛威力

即使你的住宅建築與戀愛無緣，但也可以利用風水術提高戀愛威力。

首先，頭向東南而睡，不管有沒有窗戶，床舖及頭位都朝東南方，枕頭套、床單等寢具選擇白色或暖色系花紋，隨時保持乾淨。

接著，每天早起打開窗戶。男性運隨東方旭日而來，早一點起床享受朝陽，也讓朝陽射入寢室。如果東邊沒有窗戶，則以紅色物品置於東方代替朝日。另外在東方放時鐘提醒你早起更具效果。

第三項是花風水開運術。請在東南擺粉紅色花朵。如果想更提升效果，則加上紅、黃、白三種顏色花。緣分必定會慢慢向你靠近。

與東南相性佳的是花園。如果東南有窗戶，請加裝粉紅花圖案的窗簾。如果沒有窗戶，就利用鮮花裝飾，並以檯燈代替太陽光照射花朵。

放置人造花時，請噴些清爽的香水。

●賞月是提高戀愛運不可或缺的行動

你可以巧妙地利用賞月增加戀愛運。

當中秋月圓時節，請在房間內佈置賞月氣氛，擺些月餅、芒草等。

但問題是從你的房間看得見月亮嗎？如果是西側窗戶，則晚上八、九點看不見月亮。北側窗戶完全看不見月亮、東側窗戶也很難看見月亮。這麼說來，能夠望見中秋之月的只有東南側至南側有窗戶的房間了。

●男性不擅長烹飪

想捉住男人的心，就先捉住他的胃。請先牢記他喜歡的菜色、好酒。儘量利用機會與他共餐。

也建議女性為心目中的男性做飯盒。為自己喜歡的男性準備飯盒，不但自己心裡開心，男性享用喜愛的女性所準備的飯盒，更會顯得歡天喜地。這個道理自古皆然。

戀愛最重真誠。看見喜愛的對象，你不想和他手牽手嗎？你只要從這種最簡單、直接的感覺出發，便能順利掌握戀情。

●想成為受歡迎的男性應在寢室東方擺有聲物

男性受歡迎的要素取自東、北方位。東側或北側有窗戶的房間最好，否則就必須利用室內設計達到效果。

彌補北側不足的室內設計是桌子、書櫃、鏡子。將這些家俱配置在房間的北側。但必須留意一點，家俱上不能堆積物品。

東側擺音響、電視等會發出聲音的電器製品，另外再佈置一些紅色小東西，顯出朝日感覺。

北方是安定與財運，東方為成功的氣氛。

東南方應放置重要物品。這個方位具有緣分威力，所以放重要物品對自己有利。

床舖、衣櫥放在東北方。東北方威力可以讓你更顯現出男子氣概。

●製造與心目中女性相性好的房子

就像每一位男性都會『偏好某種類型女性』一樣，你的家對女性也有某種偏好。怎麼看住家的偏好呢?這是由浴室位於住家的哪一方而定。

浴室在住家中心的北側時，較適合文學型少女，也就是愛讀書、優雅、親切、重視內在的類型。浴室位於東側時，偏好喜歡音樂、具現化感、充滿活力的女孩子。浴室位於南側時，偏好能幹、性感、玩樂高手型女孩子。浴室位於西側時，偏好富家型少女。這些是你的住屋所喜歡的女性類型。

如果你喜歡的女孩類型與住家喜歡的女性類型相吻合，就很幸運了。

但如果你家浴室在北側，而你卻喜歡性感型女性，那住家就不能幫你什麼忙了。一旦你帶性感型女性回家，你家便會引起拒絕反應。

這時候該怎麼辦呢？

當然就得利用室內設計，營造出浴室在南側的氣氛。你可以將浴巾、沐浴乳等浴室用品擺在家的南側，即可達到浴室在南側的效果。其他類型女孩也一樣。將沐浴用品擺在正確方位即可。

另外，頭部必須朝北方位而睡，所以寢室設計很重要。請參照前述。

●房間南方的水是造成戀愛受阻的原因

如果爭吵不斷，請實施解除阻礙風水術。

首先請檢查房間南側有沒有水。例如有沒有放魚缸、水槽、花瓶、酒、化妝水、咖啡壺等物。如果有，則這些物品便是引起你們兩人爭吵的原因，必須立刻自南側方位移開。

南方是屬於裁判的方位。此方位有水將使南方作用混亂，容易引起爭吵。

如果南方沒有放置與水相關物品，但仍然紛爭不斷時，就可考慮是不是南方力量太強大或太弱小。南側有窗是造成南方力量太強大的主因。可利用綠色窗簾或一對觀葉植物遮蓋。

南側無窗則是南方力量太弱小的原因。為了彌補威力之不足，請利用繪畫裝飾。醒目的綠色草原，森林等圖案是最佳選擇。但此時必須注意不要有水的意象。另外，頭朝南而睡也可提高南方力量。

這麼說起來，有人整箱礦泉水就這麼放在房間南側，也可能導致戀情起摩擦。

還有人與戀人分手的原因，可能是南側有浴室、廁所所致。

請再一次仔細檢查你的住屋。

「解決戀愛的煩惱」

※此項方法不論男女實施均有效

●房間東側放置電話使自己心情容易讓對方了解

談不上什麼告白，但自己的心情總想讓對方了解，這時候就得利用東方威力。東方能使自己意識力提升，有利於向對方傳遞訊息。因此，電話、音響、電視等發聲電器品請放在東側。無線電話不論何處均可使用，當你要使用電話時，最好在房間的東方位向著東方使用。寫信時也一樣朝東方。

睡眠採東南枕而睡，枕邊放置對方相片，最好選擇木製相框。

●告白請在海邊約會時

告白必須利用東南西北整體方位的力量，提昇整體戀愛運。

請在使兩人親密的北側放兩人共有物或照片。東側放紅色物品或對方照片。決斷屬於南方威力，應該以木製或金屬製相框，裝對方照片置於此，然後以雙盞檯燈照明，西側配置鏡子。

完成室內設計後，便計畫海邊約會。

早晨至海邊兜風、散步，直至夕陽西沈。盡量在同月份再進行相同地點的相同約會最理想，服裝請以白色為主。

●在北側放回憶物可促進感情進展

交往時間不算短，但卻苦於雙方感情沒什麼進展時，得利用北方威力，北方為男女親密的方位。

兩人一起出外遊玩所購置的紀念品、一起拍的照片、對方送你的禮物等等，只要包含兩人回憶的物品都可放置北方。即使是很貴重物品也不要收在抽屜裡，應該放在醒目的地方。

●共同體驗使戀情持續

西南屬於沒有常性、容易厭煩的方位。請在房間西南擺觀葉植物或盆栽。將此處佈置得漂亮一些，可以使戀情長久維持。

此外，平日盡量共同參加活動，體驗各種事物。例如，搭相同的電車、看相同的雜誌或讀物。觀賞相同的電影或電視節目等等。

兩人不斷有共同行動之後，價值觀便會漸漸契合，戀情也能長久持續。

●防止輕浮最好在西北擺家人照片

希望對方真心相待、不要朝三暮四的場合，得仰賴周圍的協助。

東北具有認真、乾脆決斷之力。請在房間東北擺張桌子，桌子放對方贈品或對方的東西，如此他應該可以回到你身邊。

為了得到周圍力量協助，請在西北放置衣櫃等大型家具，然後在家具上擺一些家人、兄弟姊妹合照相片，或者家人共有的物品。除此之外，擺寺廟求來的護身符也很有效。

●為嫉妒所苦惱時，寢室入口應該明亮

些微嫉妒是戀愛的潤滑劑，但嫉妒心太重了，卻容易引起不必要的事端。太注意對方的一舉一動、一言一行是造成情緒不安的原因。設法讓寢室入口明亮、維持東西南北威力均衡，可以緩和嫉妒力。

入口處利用燈光照明。幸運會從入口穿過中心，此時室內各方面保持平衡可使幸運度大增。

室內設計請依照各方位幸運色，北方黑色、東方紅色、南方綠色、西方黃色。

如果不安的原因是因為對方的性問題，就請北枕而睡；如果擔心對方在公司有其他追求者，請東枕而睡；若是過去發生的事讓你放不下心，請南枕而睡；若是擔心在外結上惡緣，請西枕而睡。不論哪一方位，都請將枕頭置於幸運區內。

「戀愛與婚姻的決定」

●請在房間中央向南決定

當你為決定哪一位結婚對象而煩惱時，請先將房間佈置改變一番。

當你要做重大決定時，請在房間正中央向南方仔細思考。思考事情時在房間正中央是鐵則。然後利用具智慧與裁判的南方威力。如此才能仔細思考、引出正確答案。請將桌子置於房間中央，準備便條紙及二枝筆。

南側有窗戶最好，否則請準備二盞檯燈。思考時可以將南側窗戶打開，至於其他方位的窗戶，請將窗簾拉上以集中意識。

思考時間最好在太陽位於南側的中午十二點左右。此時南方威力最強。

●求婚利用東北、西南、南方力量

要提出像結婚這種重大的決定時，必須利用東北、西南、南方力量。此三方位有窗戶或入口最好，否則就得利用其他方法使三方位威力增加。東北放置男性所使用的物品、西南放置女性所使用的物品、南方放置二人共同使用的物品。如果雙方均能在自己房間實施此項方法，可使效果加倍。

舉例來說，女性可在自己房間的西南方放置自己使用的衣櫥、東北方放置男友常坐的椅子或常看的雜誌、常穿的衣服等物，東南則擺二人合照相片。放置物品愈大愈有效果。

思考時當然在房間正中央，西向南方。

●房間南側擺花瓶有利於揮手道別

最近接到不少信件，詢問有關「想離婚時採取哪一種室內設計最好」。

既然現在進入結婚運佳的年代，怎麼會這樣呢？

仔細聽聽理由，還是『金錢』在搗蛋，因為經濟不景氣，錢斷緣也斷。既然雙方已經走到這種地步，也沒什麼好說的了。

首先，將對方的照片放入紅相框中，置於房間南側。然後準備二盞檯燈照向照片，旁邊再放二只盛水花瓶。南方水可產生別離作用。但你必須有心理準備雙方很可能會發生爭吵。

對於對方而言，你已經不是原來的你了。因此你必須有所改變。改變香水是好方法，因為香味最容易讓人分清敵我。

另外，你們不應該再一起吃飯。因為在相同場所吃相同火所烹調出來的食物，會使你心心相繫。

改變飲食習慣也是好方法。因為飲食改變後細胞律動也改變了。換言之，你本身所散發出來的氣質也會有所改變。

希望你在服裝上也做點變化。別離色為『紅色』，所以盡量選擇紅色衣服、飾品。鞋子樣式或高度也可試著改變。他對所熟悉的你視線產生變化，自然出現不融合感。

這些行動不斷累積之後，你的心很自然地就與他脫節了。

既然南方具有離別作用，因此你往南而行也是一個好方法。可以擺脫剪不斷理還亂的困擾。但這具有『破裂』作用，如果你不希望關係破裂。可以向東方位而行，這是好聚好散的方位。

提議雙方分手時，你應坐北朝南。

「結婚」

●打算結婚嗎？

結婚最重要的是看雙方是否擁有共同的夢想

這麼說也許會讓人誤認為結婚即喪失夢想，但我還是不得不告訴各位，結婚不是愛情或戀愛，而是一種計畫、打算。

即使結婚是一種打算，但只要其中包含真心，也可稱為是一種愛。換句話說，用真心來打算婚姻，其實就是一件了不起的事。

不加打算就結婚的人並不多。

對於結婚的打算、對於對象的打算都很好。就是不能打算不幸的結果。只要好好地計畫、打算你的婚姻，不但對自己人生是一大成功，也是對於所愛的人一項最真心的關懷。

前些時候，岡本夏生先生開出的結婚條件是「擅長性愛技巧者」，這也是一種打算。這麼清楚地說出來並沒什麼不好。

只不過你的打算必須為人所接受。

明確地擁有共同夢想是最佳狀況。

例如，希望一家人和樂相處，或者希望丈夫事業成功、在工作上努力不懈，或者希望一切以子女為重，為子女安排最佳家庭環境、居住環境、學校環境等等。最重要的是雙方必須達成共識，而不是只單純為眼前兩人情愛世界而結合。

●擁有衆多男友的女性很難結婚

長相迷人、個性好的女性，卻年過三十尚小姑獨處者愈來愈多，她們遲遲未婚的原因之一，的確是因為男性均認為「像那麼漂亮的女孩子，一定已經有男朋友了」，故敬而遠之。

除此之外，我認為還有一個重要原因，那就是現代女性交友廣泛，經常一群男女共同吃飯、看電影、郊遊、旅行。當然這也是為了解悶，大夥兒在一塊悠閒自在的。如果你決定和某人成為一對後，不但其他男性會與你保持距離，連女性朋友都會疏遠你。這時你便會選擇重返原來的自我，一拖就拖過了適婚年齡。

男性的場合正好相反，好像不喜歡交朋友的人比較晚婚。這時請往風水上的吉方位旅行提高結婚運，使用柑橘系列古龍水。假日盡量穿著白色服裝到佳偶多的場所，到海邊曬曬太陽也很好。

不論男性或女性，如果你才二十五歲左右，將我的風水術應用到結婚方面，則立刻可得到效果。即使你只採用其中一項亦然。

二十七、二十八歲左右就必須幾種方式搭配組合運用。在三十五歲之前實行此風水術必得良緣。

到了四十歲左右，也許你便缺乏自信，但只要你往緣份方位旅行幾次，並且調整室內設計，我想在婚姻上應該不成問題。

●提高結婚運的食物是日本料理與根莖類

提高結婚運的食譜是將提高戀愛運食譜加上『家庭運』、『配偶運』。其中以日本料理最合適。要提高『好妻子』、『好大夫』威力者，請多食根莖類食物。盡量多吃摻牛蒡、紅蘿蔔煮成的飯。另外，圓形糯糬之類圓圓白白的食物也能促進結婚運。白色食物可讓人喜愛，圓形食物可提高異性運。

蔬菜是增加家庭運的食物。尤其是根菜類，具有韌性與粘性。但吃多了會使直覺力遲鈍，所以最好配合甲殼類與貝類一起食用。此外，吃充滿大地能源的筍類食品也很好。

結婚最重要是看有沒有家庭運。家庭運以西南方位為主。請看看西南有沒有大窗戶，有沒有廚房、浴廁等與水有關的場所，如果你家西南方有這些場所，則難得家庭運眷顧。

這時候必須利用黃色花或黃色物品裝飾。談到結婚就像種子結果實一般。結果實須靠西南之力。

「提高戀愛運的室內設計」

「小林先生，可不可以教我室內設計開運技巧。」這是許多讀者來信詢問的問題，我現在就分類向各位說明室內設計開運法。

●自然型房間

很多年輕人喜歡白木製成的家具、白色牆壁為主的裝潢，這種室內設計的戀愛運為零。統一感、美感很重要。但取材於自然更是重點。請多利用花風水佈置室內，設計太陽等自然景象。

●簡單型房間

許多都會的年輕人，喜歡在鋼筋水泥牆上利用金屬製品做室內設計。這的確具有現代感，但卻缺乏戀愛運，因為冰冷的金屬素材奪走了重要的戀愛積極性。

請以暖色系佈置住宅，室內裝潢請挑選顏色生動的物品，讓房間顯現出明亮的印象。東南擺色彩豐富的花朵，西側擺黃色或粉紅色花朵。別忘了盡量將窗戶打開讓空氣流通。

●英國式房間

不限於英國式物品，還包含骨董在內的室內設計。這些家具最好配置左西側或西北等日射不到之處比較調和。也可以選擇年代不是那麼古老的非現代化家具。鏡子就建議你採用非現代感式樣。

●和室型房間

四季通用的和室是日本人重視自然的設計。很高興現代許多年輕人有興趣對日本傳統設計再認識，其中『書畫』很具威力。請挑選一些吉利話裝飾。

日本風與西洋風中和的室內設計，不但能各取其長，還有協調的效果，值得推薦。

絕對要避免的是在榻榻米上舖地毯或毛毯。如此不但戀愛運全無，還使整體運低落，如果你現在正是如此裝飾，請立刻改過來。

「提高家庭運」

●西南擺黃花可促進親子關係

希望提高親子關係或家庭運的人，請在西南擺觀葉植物與黃色花。希望得到不動產、女主人健康情況不佳等現象，可用泥土種些黃小花，例如黃菊等植物，養在室內或窗邊。西南是與泥土及黃色相性佳的方法，儘量橫列成排種植，自己照顧花朵可提高運氣。

●西北側擺觀葉植物有利丈夫身體健康

想提高男主人的力量，必須吸收西北威力，當一家之主倒下後，整個家都成問題，所以為了男主人的身體健康，請在家中西北方位裝飾大型觀葉植物。另外以白色圓形飾品七個掛在樹木上。大小約直徑三公分左右，不論什麼材質均可。

如果空間不夠大，擺小型觀葉植物也可以。如果要用花朵裝飾，必須挑比較沈穩的花。但也不必像供奉佛桌的花那麼莊嚴。這也是提高事業運的花風水術。

「解決婆媳問題」

●依婆婆居住方位改變應對方式

如果婆媳分開居住，則依婆婆位於你家的哪一方位決定應對之道。

婆婆住在東方向時

必須強調青春、可愛的特質。茶色系列頭髮很適合，華麗一點反而好。盡量準備高級品質禮品，做菜也盡量走高級路線。不但應對祖先、神明表達感謝之意，還應準備禮物。

婆婆住在西方向時

盡可能讓婆婆留下精力充沛、生活力旺盛的印象，扮演會照顧丈夫的能幹女性角色。避免太過奢華的印象，樸素一點比較好。

婆婆住在南方位時

扮演出傳統女性樸質的一面。保守謹慎地應對，不要一開口就嘰哩呱啦地說著，必須尊敬她是婆婆的角色。特別注意指甲的整理，塗些指甲油讓手指顯得光亮些比較受歡迎。

婆婆住在北方向時

注重高級、華麗的裝扮。扮演出風情萬種的媳婦角色。表現出本身的教養很重要。外語能力也是一大條件，尤其是英語。

●婆媳分火而食最乾脆

婆媳同居的場合，最麻煩的就是『火』之爭。每人一日三餐不可缺，『火』可說是家庭生活的基本，也是女性的最大武器。掌控火主導權之爭，很容易漸漸演變成婆媳之爭。

因此，如果不想辦法分『火』，問題就很難解決。理想狀態是二個廚房、二套爐火，否則至少也分為右邊婆婆用，左邊媳婦用比較好。

另外，最好在火的旁邊放置能夠緩和火威力的觀葉植物。

●麵類連結婆媳

長條形食物基本上具有維繫人際關係的力量。媳婦與婆婆一起用餐時，最適合的食物便是麵類、鰻魚等長條形食品。

烹調食物最好保有原色，但透明色、白色、乳白色食物可促進上下關係或親子關係。例如通心粉、葛粉（澱粉）、蒟蒻、奶油、豆腐等等。

至於服裝方面，推薦白色或粉紅色。此色具有使對方表示親愛之情的威力。

「解除夫妻紛爭」

●吃北方所取得的食物可化解夫妻紛爭

北方代表『親愛』、『性愛』之意。如果想挽回丈夫或情人的親密感或性愛度，請你多吃北方生產的食品。食物為大地、自然之能源，食用後自然能吸收強大威力。儘量在自家北方的超市、小店購買更具效果。

白肉魚能加深男女感情，儘量在餐桌上共同進食。戀人到餐廳約會，請點肉多的魚類。紅肉魚具有打開心胸、擴展交際範圍的效力，適合期待戀人者食用。

蔬菜是提高整體家庭運的食物。尤其根莖類蔬菜具有堅強韌性，應該讓花心丈夫、情人多吃。

遇到雙方沒什麽話講的時候，最好將餐具換新。而且必須是土窯製品，才能使兩人之間運氣重生。

至餐廳用餐也最好選擇地下室餐廳。『土之中』能得沈著穩重之氣，增進雙方愛情穩固氣氛。想告訴對方難以啟齒的話，或者想解決雙方爭吵事端時，最好往海邊餐廳用餐。

現在使用圓形餐桌的人，最好換成長方形或橢圓形餐桌。因為圓形桌對你缺乏發展運。當你想獨自思考雙方難以化解的關係，或者某一方另一段感情時，也最好到海邊看夕陽。以上方法也適用於正在交往的男女雙方。

●避免北火南水

寢室通風對促進夫妻感情很重要。最好是白天亮、晚上暗。

特別是北側應該暗。北側暗代表沈穩。不可以有火，連香煙、煙灰缸等與火有關物品都應避免。最好不要設窗戶。否則請以遮陽簾擋光。此處最好避免鮮艷色彩，適合以安定顏色裝潢。

請北枕而睡，也就是頭向北睡眠。北枕與頭寒足熱的自然道理協調。另外還有一種說法，因為這是佛祖就寢的方位，所以絕對不會發生壞事。

枕頭邊請以與北方相性佳的白花或海、湖繪畫裝飾。放置水壺也可提高效果。相信夫妻一定可以渡過心心相繫的充實夜晚。

南方也和北方一樣是重要方位。南方代表熱情。對於想恢復往日般甜蜜生活的夫妻而言，此方位具有強大威力。因此，南方不可以放與水有關的物品。保持通風良好。最好南側有窗戶，否則便以檯燈、觀葉植物代替。另外還得注意避免出聲物品，如電視、電話、電腦等都不可以置於南側。

請於西北丈夫位置放五斗櫃，西側放衣櫥。如此必能挽回夫妻感情。

「促進人際關係」

●希望朋友的人請讓白天陽光射入屋內

樹木的自然與親切能為你帶來人緣，所以希望你使用木製家具、地板，但最重要的還是從南側窗戶射入的太陽。沐浴在南側太陽光中最能提高人緣。如果住宅南側有窗戶，請盡量在白天打開，讓陽光射入屋內。

如果南側沒有窗戶時，就請將自己的照片裝入光亮相框內置於此。

另外，為了提高南方威力，請放置同種類觀葉植物一對。

東側請放置發聲電器製品，西側放置收藏櫃，枕頭邊擺一對檯燈。

在枕頭邊擺白色或粉紅色花更好。

電話聲音也很重要。請保持輕柔的聲音接電話。

最後該注意的便是笑臉。

●遇到紛爭時請重新調整玄關設計

當你遇到麻煩時，應該特別注意幸運氣進入之玄關。幸運是將玄關進入後通過中心，向對面方位進入，只有北側玄關的幸運氣無法到達對面方位，途中便消失了。

因此北側玄關尤其應注意掌握幸運的裝潢。為了留住北方信任的威力，讓爭吵、不信任感付諸東流，最好利用海、船、湖等與水有關的物品裝飾，或者掛與水有關的畫。室內設計以白色、藍色為佳。利用檯燈照明也是一大重點。

東側玄關利用紅色小東西可以去除障礙。例如，紅花、蘋果圖畫等。為了更增加威力，掛風鈴、開門鈴也很好，當門一打開幸運便飛舞而入。你還須每日打掃玄關地板，以化解工作上的紛爭。

南側玄關最好放一對高大物。例如同種類觀葉植物。另外，南側具有知性能力，因此可利用發光物裝飾以提高南側運氣，例如，金屬製雨傘架、光亮狗製品等等都可化解紛爭。金屬把手也必須保持光亮。只要每日用抹布將玄關清掃乾淨，必能化解離婚之類婚姻問題。

西側玄關請舖沈穩的茶色地毯。茶色代表以土種植夢想，可使夢想成長。不但婚姻危機得以緩和，更能朝好的方向進展。利用豪華西洋娃娃或大理石小物品佈置也很好。如果婚姻危機導源於金錢，則請檢查玄關是否有大型花瓶或木製品。

●調整陰沈性格應在暗處東枕而睡

陰沈的性格可在睡眠中調整過來。

首先調整寢室。東方是最佳方位，在接受朝日的東側臥房東枕而睡。

如果寢室不能移至東側，則請試著將頭部睡在東側。然後為了利用東方威力，在枕邊放置象徵東方的出聲物品。時鐘、電視、電腦都可以。再放置象徵東方的紅、藍色小物品。

寢具請使用純白物。

照明也很重要。最好清楚表現出晝夜之差，睡眠時完全熄燈。枕邊放盞檯燈也可以。

早晨起床後請在朝陽中享受片刻時光，如此可使你振奮精神。

●北側房間使用物品受日照能避免被出賣

容易被朋友出賣、背叛的人，先看看居家北側是否有與水有關的場所。北方使用方法是原因所在。

北側若有浴室，容易引起男女關係、金錢等方面糾紛。很多人因此踏上感情歧路。

北側有玄關的場合，容易捲入人際關係紛爭當中，並且由於交際能力不佳，很可能你的人際關係一直惡化下去。

北側有廁所的場合，不管什麼時候都感覺病懨懨的，有體力不足的現象。

北側有洗臉台的場合，可能被朋友出賣，或因過去秘密而失去戀人。

北側有寢室的場合，親子、上下信賴關係容易出問題，尤其小孩是原因所在。

因此，請利用太陽光威力。北方並非太陽直射方位，這時請盡量將北側使用物品，如寢具、毛巾等拿到太陽下曬。

另外還須調整暖氣機的位置。正北方出現大爐、暖氣機等物品將造成神經機能障礙。請盡量移動空調位置。如果無法移動，則在附近放置電視、音響等有聲物品，以降低凶意。

以前一到考試就拚命讀書的大學生神經障礙的原因，據說就是由於宿舍的瓦斯爐在正北方。

「小林先生，所有症狀都出現了，請救救我！」這時請你以北側房間的正中心為準，在西側放黃色小東西、東側放紅色小東西、南側放一對小型植物、北側放灰色系（白或黑亦可）小東西，並且每日打掃清潔。動作快！立刻實行吧！

第　四　章

健康與金錢

『要賺大錢的方法很簡單，只要不在乎廉恥、人情、義理即可。』這是父親說的話。

的確，這樣是可以賺大錢，但即使你因此擁有大筆財產又如何？這些錢對你有什麼助益？

這種人得不到朋友的友情、享受不到家人的親情…。風水也可以教你賺錢方法。

我在電視、雜誌說過不下千遍『西邊黃色』。如果還有人不知道，請你告訴他。

利用風水賺來的錢，不但對自己有助益，對社會也有貢獻。

另一方面，風水也告誡我們，『不懂此道取得的財產、金錢，會因了解此道而喪失』。

前人也告訴我們，『風水是一門單純的學問，就像日常衣食住造就自己的人生一樣』。從某種層面而言，這就是幸福度日的秘訣。

提到前段『此道』之句，也許在你了解風水理論前所得到的金錢，是你拚命流汗所賺來的，當你了解風水後，你便會將這些對神佛沒有感謝、對周圍人沒有感謝所得來的財產加以投資，因為你懂得愛自然、感謝神佛之道，而風水上認為這些錢可以造福更多人。我也是四十過半後才漸漸領悟這句話的含意。

看看那些利用股票、不動產當賺錢工具的友人們，在經濟不景氣的時候又如何呢？他們終於認識到手上的錢不是用來賺更多錢的工具，而是應該利用這些錢為自己開運。

錢到手後財運便降低。因為財運變成了錢，這是風水上的道理，所以你必須立刻用剩餘的錢創造財運。

財產增加時，金錢運減少的部份便是用於增加財產運氣，因為金錢拿去置產了。

接著敘述風水對於健康的論點。

有一句話『長生也是一技』。沒錯，健康對任何人而言都是至寶。如果能夠到一〇〇歲還健康地活在人間，就太棒了。

但說到健康，看看那些利用午休時間慢跑運動，到了下午便打瞌睡的上班族，這樣好嗎？

最近很流行健康相關事業，一提到健康就會吸引衆多人的注意力，但看看這些健康第一者的住家，連我都有點迷惑了。

健康第一是正確的，當然也有維持健康的風水術，但對此毫無關心的人也相當多。

風水基本的健康秘訣即『西寢東食』。

首先談『西寢』。如果寢室不在西側而在東側的人，年輕時代很好，但四十過半後就必須設計提高西側運氣的房間，例如使用茶色系列寢具，以製造沈穩的效果，或者西枕而睡。

反之，睡在西側寢室的年輕人，應該在東側放置檯燈，設計富東方威力的寢室。

常常聽到住家主人希望設計個人大客廳，我卻認為寢室大一點比較好，目的是為了自己幸福。

與其為不常來的訪客設計大客廳，還不如將每日使用的房間設計得大一些，不僅符合健康原則，還更能使你達到成功。

風水即寢室學，可見寢室的重要。

風水認為人在睡眠中可以吸收幸運。不知是否大家都了解這項理論？我們既然住在太陽系，便吸收太陽系中心所發射的太陽光，既然住在地球上，便接受地球中心的地心引力影響。

這二種中心能量也對家的中心有影響。

什麼時候對我們的身體產生影響呢？正是在睡眠時刻。

如此說來，住宅吉凶威力影響我們身體至鉅。不只住宅本身，還有建築的土地、周圍的河流及山川等，當然也對我們造成影響。

接下來談到『東食』，東方威力為精力之泉源，在此方位飲食之物即成為血、成為肉。因此廚房在東側的人萬萬歲。若廚房不在東側，則必須利用室內設計提升東方威力，例如，使用木質廚具、照明佳、巧妙地使用紅色及藍色等都可達到效果。

有句話說『健康欠佳時在鬼門裝飾白色雪山圖畫』，即是活用鬼門威力之例。

最後還必須注意躺下即睡，這點對健康相當重要。請在西側躺下即睡為健康充電。

「創造健康」

●健康大原則『東食西睡』

創造最佳身體狀況應充分利用充滿活力的東方威力及充分休息的西方威力。亦即『東食西睡』。

常聽到一句話『吃東西前先向東方大笑三聲』，這也是從風水引申而來的意義，亦即吃東西前先向東方取得充沛活力。

我一直都這麼做。最近店裡服務人員都會開玩笑地告訴我：「小林先生，東方就是擺紅花那個方位。」

此書原稿是在吉方位京都書寫，正值竹筍生產季節。我昨晚也特地去吃竹筍。理所當然地，也實施『向東方大笑三聲』的風水術。

東方幸運色除了衆所周知的紅色、藍色外，還有粉紅色。京都店裡當然有紅花裝飾。住家也可利用這些幸運色佈置廚房或餐廳，也可使用於餐具上。

家中有充滿陰氣與充滿陽氣二大部份。以鬼門線（東北、西南連結源）為分界，西側及北側為陰，東側及南側為陽。

換言之，廚房或餐廳在具有陽氣的東側，寢室位於陰氣所在的西方位最佳。

如果你家方位正是如此，但身體狀況都不怎麼好時，就得看看屋子是不是太髒了？尤其是廚房的微波爐、瓦斯爐、抽風機、天花板、地板、餐桌等等，都請徹底清潔乾淨。

另外看看寢室衣櫃上、電視機上是不是堆積了一層厚厚的灰塵？

請你立刻打開窗戶清理乾淨。

棉被應經常曬太陽，床單、床罩、枕頭套等用具務必經常清洗乾淨。

像這樣廚房、餐廳位於陽方位的設計最好，但如果情況相反，亦即東側寢室、西側廚房該怎麼辦呢？這時東方的寢室最好佈置得優雅、漂亮一點。

如果做不到，就請西枕而眠，並在枕邊掛一幅秋天風景畫或結實稻穗畫，強調西側印象的畫都可以，另外擺一盞檯燈（黃色燈罩最好）。

西側廚房、餐廳的場合，請東側放紅色檯燈，旁邊再擺電視。

在房子東側用餐或向東方用餐也具有效果。

巧妙地利用繪畫是風水重點。為了你的健康，請在寢室或餐廳東側掛朝日、男子、森林、交通工具等圖案的畫，最好以紅色、藍色為主，自己畫也可以。畫旁邊再擺檯燈或電視，都可使健康加倍。

●廁所左右健康運

被稱為不淨場所的廁所，不論位於什麼位置都不能視為吉相。從家的中心看廁所方位，即可得知居住者健康面較弱之部份。

但也不必太過擔心。只要配合適合方位的顏色做室內設計，即可過著健康的生活。

・北方廁所以白色或粉紅色裝飾。

・東北亦即鬼門廁所，請統一使用白色廁所用品。隨時保持清潔很重要。如此即可不必因為廁所在鬼門上而擔心。

・東方廁所請用紅色用品，即使放音響或時鐘也沒用。

・東南廁所請放芳香劑，使廁所隨時散發香味。廁所用品請挑選花色。

・南方廁所與金屬、發光物相性佳，如果衛生紙架有金屬部份，請務必保持光亮。其他用品的幸運色是綠色。放置小型觀葉植物也很好。

・西南廁所為茶色系列。也建議放置觀葉植物。

・西方廁所為棕色或墨綠色系。毛巾使用棕色品。黃色花也能帶來幸運。

・西北廁所和西方一樣，也是以高級感為基準。此方位對家中主人健康情形影響最大。芳香劑請使用圓形白色品。

●掌握減肥重點

如果你有多次減肥失敗的經驗，那就是你沒抓住減肥重點。從你寢室入口位置即可得知你適合的減肥重點與傾向。

「怎麼可能！」也許你會這麼想，但還是請你先試試看。

首先，你的房門在北方的場合。如果你不控制酒、啤酒、果汁、可樂等飲料，那你再怎麼減肥也沒用。

房門在東方場合，即使再怎麼注意飲食，只要身體不運動就一切歸於零。只好繼續穿X號。

房門在南方場合，只懂得減肥理論卻沒有恆心實行，一點效果也沒有。請你再次向減肥行動挑戰，不要只想理論，有恆者事竟成。

房門在西方場合，很單純就是吃太多了。我想你自己也很清楚吧！

我的寢室為東入口，也就是非穿X號尺寸不可的類型。讓我們一起加油，往減肥之路邁進吧！

●在南方放體重機及一對觀葉植物對減肥有效

減肥應活用認識現實之南方威力。所以在住家南側放置體重機最合適，你可藉著體重機了解自己肥胖的事實。另外以一對觀葉植物置於體重機兩側，讓你更能確認自己肥胖。

西側是抑制食慾的重點方位。接受太多西側能源會使食慾增加，所以白天請用窗簾遮住西側窗戶。夜晚在西側放置檯燈有助於抑制食慾。睡眠時也是頭向東、腳朝西而睡。因為頭朝東可以遠離西食威力。

顏色也是重要因素之一。窗簾、燈罩、體重機等看得見的東西儘量用藍色、綠色等寒色系。寒色系色彩有使事物持續、心情安定的效果。不會讓你焦焦急急地狠吞虎嚥、吃過了頭。

有關減肥重點的快食快便，西側廚房會使飲食生活混亂。這時請放置粉紅色物品。另外為了解決便秘問題，請特別注意廁所換氣是否良好，並請使用黃色或紫色廁所用品。

室內設計減肥的特長是利用印象訓練，從精神、心理方向著手，達到環境減肥的目的。

當你心理動搖時，環境便會對你提出警告「該減肥了」。

至於有人擔心減肥後再發胖的情形。因為這種減肥法並不需要你做些什麼，而是環境自然讓你瘦下來，因此你應該可以持續下去。

請各位搭配寢室入口位置與注意點一併使用。

●北枕最有利安眠

『北枕是安眠的秘訣』，但並非「永眠」的秘訣。說到其緣由並不太好，因為北枕是死人睡眠的方位，但這是宗教上的理由。事實上由於北方屬於涼爽陰暗的方位，是安眠的最佳環境。對身體有益的頭寒足熱現象，即來自頭向北而睡。

如果無法做到北枕，就退而求其次西枕。再其次為東枕。不論那一方位，最好都在枕邊放一杯水，以補充北方水的威力。

如果非得南枕才睡得著的人，請在枕邊放一盞檯燈或盆栽。因為南方為火的能量，放水會發生反效果，反而沒辦法熟睡。

白天房間請保持明亮、通風。夜晚早一點讓房間保持全暗狀態，也就是讓房間先睡你再入睡。

自然木裝家具有利於快速睡眠。

儘量每天花十～二十分鐘赤足走在泥土上。並積極攝取根莖類食物。

夜晚咳嗽將無法安眠，請注意睡前不要喝柳橙汁、檸檬汁或吃柑橘類水果。

而且不管你晚上幾點就寢，最好在早晨六點以前起床。我今天早上也是從六點開始寫稿，熟睡與否最重要，睡眠時間長短在其次。

●北側或南側臨道路痴呆機率大

痴呆是由於南北能源不平衡所引起。北方是情緒方位，南方是智慧方位，你家北側或南側是否臨道路呢？如果北側臨道路，則因北方能量太強使得情緒不安定。南側臨道路則因頭腦太好而疲累。

為了抑制痴呆現象發生，北道路者請大聲讀書。另外可以每天與朋友通電話、欣賞戲劇等。並且每日在玄關灑水，因為北方與水相性佳。除此之外，請在鞋櫃上放置粉紅色或橘色花裝飾，如此可控制焦躁情緒。

南道路的場合，往往發生頭腦好的人突然痴呆的現象。此時最佳方法為玩泥土或旅行。建議你在庭院種一些花草植物。

玄關最好擺一對觀葉植物，並將你自己寫的木製門牌掛在外面，門牌最好直寫。
南方還具有反覆作用。痴呆前兆往往一句話說了又說，或吃過飯了卻說「還沒吃」，這種情形也請利用一對觀葉植物預防。
玄關門把金屬部份請隨時保持光亮。南方與水不相合，太常用水清洗反而招來反效果。

「提高財運」

●『西邊黃色』

提高財運的重點還是那句老話『西邊黃色』，所以請在西側擺黃色物品。這是大原則。因為黃色與黃金色相通，能提高金運。
提利黃色室內設計，利用黃菊、黃色劍蘭、黃色百合等鮮花都可以。黃色燈罩檯燈、黃色面紙盒、黃色護身符、橘子、香蕉、柳丁等也具有效果。反正不管什麼都行，只要是黃色物品。
當然你也可以利用黃色人造花畫圖畫。但人造花沒有鮮花效果來得大，不過都有整年不必更換的方便性。一切均為黃色當然是理想狀態，但只要黃色占整體五〇%以上，即可發揮威力。

●提高財運的三角形法則

西方財運以西側為頂點的小林三角形法則，對提高財運有更進一步的效果。

東北方位放置白色物品。如果有像箱子一樣的高大白色物最好，否則你掛白衣服、白襯衫或雪山照片也可以。東北鬼門是儲蓄方位。如果被污染的話，很可能會因疾病或受傷使你不得不意外支出。即使只擺個垃圾桶也會使威力降低。

東南應擺觀葉植物。大小不拘。綠色是『復甦』的顏色。能促進人際關係、創造新緣分。其中，「緣」即與「元」相通。

●錢財收藏在暗處

金錢、存簿、印章等請保管在暗處。能放在地板下是最好的，否則請放在屋子北側黑色保管箱內。不但取用方便，還有利於儲蓄。

另外將與銀行存摺相同顏色的物品擺在日照得到的南側，就更完美了。

請你在以西—東北—東南圍成的三角形中心處北枕而眠，也就是頭朝錢的方向。至於寢具等最好使用未經加工的質料。

沒想到追根究柢還是北枕！

●肉品與甜食提高財運

肉品對於提高財運很有效。其中牛肉是蓄財之象徵，代表孜孜不倦努力積蓄錢財之運，雞肉具有生意興隆之運氣，豬肉提升工作賺錢運。由此看來，如果你是做生意的，就請多吃雞肉，如果想努力存錢，就多吃牛肉。

甜食也具有提高金運之力，因此最好飯後來一點甜點。香蕉、哈蜜瓜等甜分高的水果也行。

除此之外，身上帶著八張卡片也有利財運。

到寺廟參拜時，別忘了求黃色護身符。

照相時請說：「億萬富翁！」必須慎重說出，不要嘻皮笑臉。

●提高財運的花藝風水

如果家中有沈溺於玩樂的女兒，或有花錢浪費的兒子時，請在住家西側裝飾黃色花。粉紅色與黃色相組合也可以，儘量挑選大型花。由於西側擺花較容易凋謝，所以必須細心照顧。春天的鬱金香、夏天的向日葵都很合適，使你家看起來像山野一般。

另外在北側、東北側裝飾白花也有利於提高財運，而且增加人的穩重度。前面已經提過，將金錢、存摺、印章放在住家北側有利儲蓄。這時請以與自己最寶貝的珠寶相同顏色鮮花裝飾。鑽石配白花、祖母綠配綠花。如果沒有珠寶，就裝飾和存摺相同顏色的花，如此互相搭配，可使財運一氣呵成。

●廚房左右財運

廚房是財運的另一重要場所。

從住家中心看廚房方位，也有一些相性。

東側廚房與聲音相性佳，適合沸騰聲音與紅色廚具或食器。

南側廚房請擺金屬發光鍋子或花瓶、綠色系列物品等；北側廚房請放粉紅色系物品，踏腳布請用橘色系列；西側廚房請用黃色或粉紅色物品；東北廚房可裝飾白花、白花圖畫、白色物品。

東南與木材等自然素材相性佳，所以請用木製廚具。另外也與花相性佳，可使用花色餐具、抹布等；西南適合大地色系餐具與植土盆栽；西北適合厚重氣氛的室內設計，日式餐具可提高運氣。至於黃色廚房用品是適合每一方位的顏色。

但不論你搭配得多相宜，如果廚房污穢則財運自然下降。

當然，你本身的衣服或圍裙也必須保持乾淨，能配合廚房顏色更佳。

首先是廚房地板。被油污染將使交際費增加。

水管阻塞會導致便秘。增加看病花費。

抽風機污染會招人閒言閒語，與鄰居相處不睦。

微波爐污染則性情焦躁，容易與重要人爭吵或弄壞物品自己受傷。

食物新鮮也有利財運。冰箱不要放已經不能吃的食物，垃圾堆積也會使財運降低。

菜刀、水果刀一定要放在固定位置。用完不收起來會導致煩惱不斷，容易引起婆媳不合。

鍋子用完不收好會使家中訪客減少。

餐桌旁放置微波爐、電鍋等溫度上升物品，會引起家人爭吵無法團結。

照明也很重要。照明不佳則無法做出好料理，為凶相。

很多家庭將微波爐、烤箱等放在冰箱上，這很糟糕。冰箱代表水氣、微波爐或烤箱代表火氣。如此則火與水在廚房打架，財運當然不敢來。如果非得兩樣東西重疊放置，就在冰箱與微波爐之間隔一層板子。這樣不就解決了嗎？

●提高直覺力成為賭場贏家

提高賭運的推薦食譜是三明治。

具有耐性威力的吐司麵包，配上東方威力的紅番茄或培根，再加上能夠振奮精神的蛋，如此組合成的三明治能使你直覺增加。

提高財運必須吸收西方力量。請利用表現西方的黃色與甜食。滿足這項條件的芋頭羊羹、虎皮蛋糕，都是不錯的選擇。

提高直覺力也是在賭場求勝的必備條件。

提高直覺力必須利用南方威力。這時請以南為頂點。製成南、西北、東北三方位的三角形。各方位請依下述擺設家具。

西北放桌椅，幸運色是茶色、墨綠色。

東北放書櫃或衣櫥，製造堆積的印象，幸運色是白色。

南方最好放一對發光物品。

睡眠位置為房間中央南枕而睡。這樣雖有利於直覺力提高，但必須注意睡不著的情況。

當然，除了住家風水之外，辦公桌周圍設計也很重要。

●錢財放在廚房就像進了地獄

為理財所苦者，大概是你的錢財收藏位置不對。

你是不是有將錢財藏在廚房的習慣呢？廚房由於每日使用水、火，所以溫度與濕度變化很大，把錢放在這種運氣不安定的廚房，錢財當然也不得安定，你每天總會多花一些無謂的錢。

錢財本來就喜歡暗處，將金錢、提款卡、印鑑、存摺等財物放在寢室衣櫥或抽屜最好，這樣錢財才得安定。如果衣櫥、抽屜位於北方位，則錢財更安定。錢財應分為平日零用金與預備金。留在家中備用而平日用不到的錢，應妥善收藏。

平日總以信用卡購買本身衣服、皮包、皮鞋，等該付帳時才苦於簽了一大堆帳的人，大概住家廚房是位於東南、西、西南之某一方位吧！

廚房位於東南者，購物應有同伴同行。首先你必須和對方保持距離，然後以橘色花佈置廚房。

廚房位於西方位者，想必你在購物時又吃吃喝喝，增加許多不必要的支出吧！改運之道，請在廚房受夕陽照射時以窗簾遮陽，並以黃色裝飾。

廚房位於西南者，你只是單純懶了點。請以觀葉植物裝飾。

以上方位廚房中放置錢財相關物品，將使得錢財有如進入地獄一般危險。請牢記以上事項，並切記睡眠方位為北枕。

●鬼門凹陷可利用鹽與白花填滿使繼承順利

說來說去還是住宅問題最多。以下列舉五種方位，請各位參考。

首先看鬼門方位，亦即東北的表鬼門與西南的裡鬼門。另外是裁判方位的南方、親子及家庭信賴方位的北方、外界對你信用或評價的東南方。以上五種方位中有三種方位以上為與水相關場所或凹陷住家，則繼承威力減弱，喪失繼承之氣，很可能引起繼承糾紛。

凹陷場合請放置觀葉植物或植樹，與水相關場所請放白鹽。另外再配合方位適合顏色裝飾。

舉例而言，鬼門凹陷種開白花的植物，有廚房、浴廁場所者請使用白色毛巾、沐浴用品，而且最好擺一小碟白粗鹽。

白粗鹽請每三日換一次。西南裡鬼門凹陷時請種開黃花的植物。與水相關場所請使用茶色系列用品。

南方位凹陷，請放二種觀葉植物。並將浴廁、廚房水龍頭金屬部份擦亮。

北方位凹陷，請種開粉紅色花的植物。廚房、浴廁則加強照明。粉紅色用品也很好。

東南方位凹陷請擺花。水相關場所請注意勿使排水口發臭，可以利用芳香劑。

第 五 章

養育與教育

『要培育健康的子女，請讓他們享受朝陽。』

風水如此認為：朝陽所蘊含的威力，對小孩而言是一項重要能源。培育健康小孩的第一要件，就是兼具陽光充足與通風佳的環境。

在教育上對小孩造成最重大影響的，是父母親對教育的態度。例如就學問題。

聽說我小時候脾氣火暴，而且有點神經質，每當門一打開聽到聲音，全身就好像跳躍了起來，這種小孩的父母相當辛苦。

現在與以前比起來，小孩教育開始時期早了很多。不但幼稚園是不可缺少的階段，連托兒所都備受重視。因為許多人認為愈早啟蒙智慧愈高。即使有人對此提出批判性意見，但不可否認，愈早讓小孩超越在前，其少年有成的機率也高一點。

而此時必須注意的便是與學校的相性、與老師的相性。如果遇到「不喜歡小孩」的老師，或者對小孩有偏見的老師，則雙親的一切努力都將成泡影。

談到教育就不得不提到教育費，各位是否也有感於教育費的驚人呢？

事實上，我也是其中一人。但為了小孩將來的幸福，不僅教育費支出不可少，連小孩的臥房設計也必須講究，如此才能為小孩帶來好運。本章就是告訴各位如何運用風水法則招來幸運。

我從小就不斷受父親教誨，『一定要成為傑出的建築師，繼承我的衣鉢』，這句話對我而言，已是根深蒂固的目標，我從來沒想過從事其他行業。

到底我從事這個行業好不好，我自己也想過這個問題，最後還是心存感謝。

父親還經常告訴我，「給小孩自由無法帶來幸運。」

小時候眼見其他同學如此自由，為什麼我卻處處受限制，心理相當不平衡，但現在回想起來，如果讓缺乏智慧、什麼也沒有的小孩充分自由地自主，則小孩很容易選擇錯誤，並且踏上了不歸路。如果當初我得到自由，也許我就不是現在的我了。

關於這一點，歌舞伎的世界很值得參考。

歌舞伎藝人的小孩為什麼到達一定年齡時，就突然變得如此優秀、出色呢？我曾認真地想過這個問題，答案是因為他們自幼都傳承此道，被雙親或周圍人施予嚴格的教育所致。

例如，中村勘九郎先生比我年輕，我從孩提時代即看他表演，現在他已經成為一位了不起的大人物，勘九郎是勘三郎先生的長子，他比一般成功者還年輕時就揚名舞台的秘密，就是歌舞伎世界嚴格的教育。

像這樣徹底傳承家道，是使小孩成功的路之一，也是讓小孩擁有『三十歲肉體、七十歲智慧』的最佳方法。

許多在補習班揮金的父母親們，希望也能以這種方法教育下一代。歌舞伎世界培育小孩的方法值得參考，但是上班族該如何讓子女繼承家傳呢？我想告訴各位，最重要的是家教。

我本身是長子，所以很了解家中長子該有的責任，但對於次子就沒什麼自信了。很抱歉，由於從小被教育長子該如何如何……。所以只能以我父親教誨我長子之道來告訴各位。

「你以後也要將我告訴你的這些話傳給你的長子！」家父經常這麼說。

要告誡小孩先祖、父母的訓示，配合談話氣氛的客廳就很重要了。

請各位牢記一點，想要達到成功階段，『運氣很重要』。成功順序如下：

1、運好頭腦好的小孩。

2、運好頭腦不好的小孩（我及我的小孩）。

3、運不好頭腦好的小孩。

4、運不好頭腦不好的小孩。

明白了嗎？風水不好、運氣不好的人，難望成功。

各位家長務必以第二種類型為努力目標，因此風水便是重要條件。

當然，性格的善惡也很重要。

為什麼風水告訴我們必須讓小孩生活在受朝陽、通風佳的房間呢？因為這種環境造成小孩開朗、樸直性格的機率高。有句話說『睡眠中養小孩』，意思是『睡在那一方位寢室即養成那一類型小孩』。

相信各位都希望小孩充分吸收風水威力，成為一位幸運兒吧！就整個宇宙而言，幸運兒愈多國家、世界愈安和樂利。

「順產與育兒風水」

●石榴畫或橘色花可提高子女運

沒有子女，是因為北、東北、西南這三個方位威力太弱。例如家中這些方位是廚房、浴廁、凹陷等凶相，或者此方位為凶方位時遷移至此，以及長期出差、旅行至這些凶方位所致。

北方是性慾及受胎方位，體質上不容易受孕者，很可能是北方凶相。東北為繼承方位、西南代表家庭或母親的方位，缺乏子嗣均與此有關。

必須配合各方位彌補不足的風水威力。

北方橘色、東北白色、西南茶色為最佳相性。

住家全體方位威力安定之後，接下來就應該補足寢室設計。北方與水相性佳，在北方裝飾美麗湖水等與水有關的畫或照片，可以提高北方威力。東北最適合山畫或白色物品，雪山畫最好。西南適合黃色花或結黃果實的樹木，描繪黃花的畫也很好。

石榴象徵小孩，種植石榴或掛石榴畫均能使效果更顯著。如果沒有石榴花，利用橘色花、畫均可。

石榴自古以來即象徵安產及子女。中國在結婚典禮上也有贈送新郎新娘石榴花的習俗。為了得到好子女，你也必須積極於提升家庭運的飲食。最重要是根莖類。充分攝取來自大地的蔬菜，可使家庭運蒸蒸日上。蔬菜中又以圓形食物最有利於人際關係。例如山芋、豆類都不錯。

小魚、豆腐也可提升受胎運。而且含豐富鈣質，是值得多吃的營養品。

●每日清掃廁所有利順產

「為了平安順利生產請打掃廁所」，不知你是不是聽過這種說法。

在狹窄不潔處彎腰打掃，或許不是件愉快的事，但你不妨當成是產前運動。

事實上，風水認為廁所是決定健康吉凶的重要空間。只要每日清掃乾淨，即使是凶方位也會使凶作用降至最低限度。

尤其是廁所位於鬼門線上的場合，清掃加換氣加白色物品是不可忽略的重點。

睡眠可以疏緩神經，是順利生產必備條件。該怎麼睡呢？最重要是不要違反自然原則，睡覺時候暗、靜為首要條件，因此最好利用窗簾遮光，再利用厚實物品加強隔音效果。

晨昏不能顛倒，順應自然法則很重要，早晨起床後就應讓陽光充分進入屋內。

如果在產前得知胎兒性別為男性時，產婦應盡量使用美國製品，如果胎兒性別為女性，則產婦應盡使用歐洲製品，其緣由為美國製品具有獨立、自主之『動』的能量。歐洲製品具有傳統、思考之『靜』的威力。

●嬰兒房上午必須照射陽光

這是妊娠中婦女的寢室與嬰兒房共通使用的幸運室內設計室。

房間請以風景畫裝飾。繪畫是取得自然氣的最佳手段。

東方請掛日出或太陽光芒、西方請掛夕陽、南方請掛大海或草原、北方請掛星辰或夜空繪畫。

室內設計必須注重陰陽平衡。請牢記布類製品有花紋者為陽性，沒有花紋的布是陰性。寢室當中布類製品占有強大的影響力，所以應特別注意窗簾與床罩的組合。一方為花紋製品，則另一方為無花紋製品。

照明器具（檯燈之類）為陽性威力。受不到朝陽的房間請在東方放檯燈，南側無窗的房間請在南方放檯燈，以彌補威力之不足。因為上午的太陽光對小孩而言是一項重要資源。

●防止夜哭之四回轉法

嬰兒夜哭是育兒最辛苦之處。不但母親會因睡眠不足而脾氣焦躁，還會因此將情緒移轉至嬰兒身上，造成惡性循環的結果。

防止夜哭的方法很簡單，稱為四回轉法。

一日四次即朝、午、夕、夜將嬰兒頭部位置依東↓南↓西↓北位置移動。也就是教嬰兒隨太陽運轉作息，學會自然規律的生活，如此不但可改善嬰兒夜哭狀態，還可使嬰兒吸收好運。

●玩具請置於明亮方位

養育嬰兒該用什麼樣的室內裝潢、家具呢？

嬰兒床最好是國產品。因為當地製品最適合當地環境。尤其是出生後將近一年時間，嬰兒以床為生活中心，床對嬰兒造成的影響力不容忽視。

玩具也是嬰兒重要物品，但放在房間角落覆蓋一層灰的玩具，不但不衛生，就風水來看也不吉。玩具放在日照得到之處為鐵則。一旦玩具沾了灰塵或弄髒了，就立刻清乾淨。

●綠色室內裝潢對體弱多病小孩恢復健康很有效

小孩健康上的難題必須利用西南威力解決。

西南是代表家庭、母親的方位。小孩體弱多病多半是因為父母遺傳，或者在母體內時母親攝取了不當食物所引起。

西南方位擁有大地能源。因此請盡量攝取接受大能源的米、麥等穀物或碳水化合物。

綠色系列室內裝潢也具有效果。

改變睡眠位置或許也不錯。體弱原因很可能是夜晚不能熟睡所致。從房間中心來看，最好讓小孩睡在西至北位置。以西枕或北枕為佳。床單顏色不要太花，採用素面天然製品最好。

小孩房的西南方請掛小孩自繪之母親畫像，或是母親慈祥的圖畫。

東方位請放置書桌或玩具，讓小孩大部份時間在此渡過。並以小孩自畫像或自己創作繪畫裝飾。

請多讓小孩接觸吉方位大自然。天與地的威力不論何時均能使運氣往上提昇。

「希望成績更好」

●對於不積極的小孩可在椅子上放紅墊子

總是一副精神不振的模樣，怎麼也提不起勁的小孩，你應該看看是否朝陽無法射入他的房內。

如果是接受朝陽的房間，小孩應該精力充沛才對。但房間並非輕易可移動者，相信有許多小孩不得不使用吸收不到朝陽的房間。這時候最好在房間東側放置紅色物品。由於東方是充滿元氣的方位，在此放置與東方相性佳的紅色，必能使小孩振奮精神。

但如果此處放玩具之類遊樂品，小孩必定心向玩樂，不得不注意。不過此方位有聲物品相性佳，放電視或錄音機沒什麼問題。對於提不起勁的小孩，在椅子上舖紅色坐墊也很好。

●對於定不下心的小孩可調整書桌為北向

坐不住、定不下心的小孩，房間最好不要受日照，書桌靠近窗戶也不好。這與先前說的話也許有些矛盾之處，但因為太陽光具活動力，會使小孩沈靜不下來。尤其讀書的時候應避免陽光照射。

首先，書桌位於房間的北側。儘量少受日照。書桌正面如果有書架會使小孩分心，最好是愈單純的書桌愈好。觀葉植物可以聚氣，最好在小孩房內放一盆觀葉植物或花，並保持適度水分。

●文科書桌向東、理科書桌向南

依小孩為文科或理科之不同，施行的風水術也有異。

文科場合的基本方位為東。將書桌放在房間東側，桌上一定要放一盞檯燈。床舖位置為幸運區上南枕而眠。

理科的場合，書桌位於南側，床舖位於北側，東枕而眠。但床舖靠北側東枕而眠需考慮到文科成績低落的情形。往西北、南、東北方位的補習班上課最好，圖書館也是相同方位。

小學生無文科、理科區別的場合，請以文科立場考慮。因為小學不論算術、自然等理科全都是用本國語言。只要提高語言能力就能提高問題理解度，而使全體成績向上進步。只不過定不下心讀不下書的場合，書桌還是採取北向較好。床舖東、南均可。

文科、理科的風水書桌

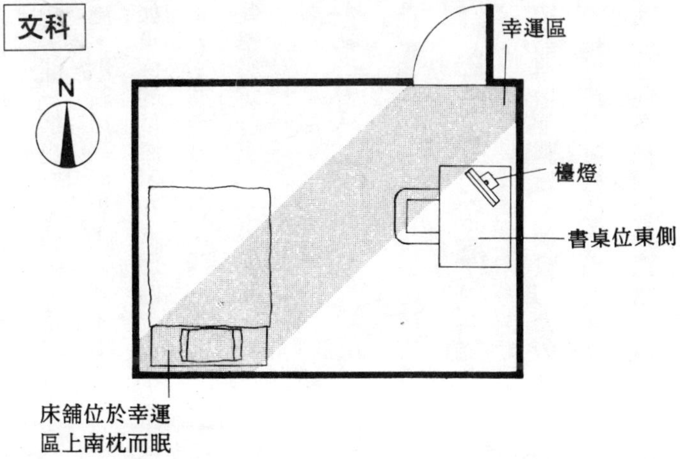
文科
N
幸運區
檯燈
書桌位東側
床舖位於幸運
區上南枕而眠

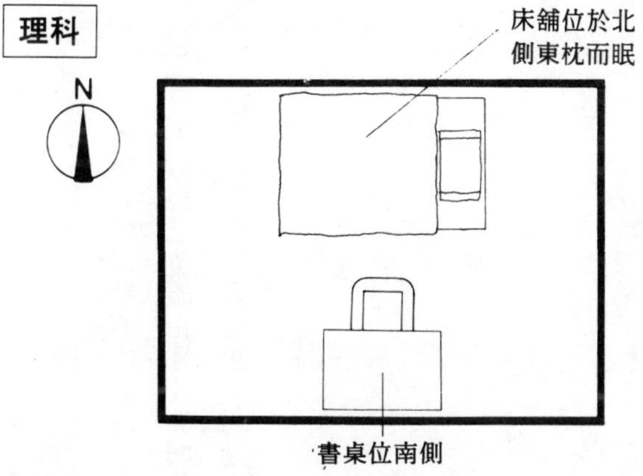
理科
N
床舖位於北
側東枕而眠
書桌位南側

●教室威力集中於中央附近

教室和房間一樣也有幸運區。依坐位之不同所吸收的運氣也不同，如果不知道教室的幸運區在何處，則請以一般思考方式，中心點必定為幸運區所在，所以請以教室中心附近為第一目標。如果你的位置不在幸運區上也不必太擔心，只要你穿著與自己位置相性佳的顏色衣服即可，東方幸運色為紅色、西方黃色、南方綠色、北方白色。若教室各方位能依此擺設物品更好，此舉必定能提高全班運氣。

「希望考試及格」

●吸收紅色威力可發揮實力

紅色物品可增加膽量，使實力充分發揮。考試當天吃番茄、鹽漬酸梅等紅色食品更具效果。赴考場時也請攜帶紅色手帕、穿紅色衣裳或內衣。

飲食務必記住多攝取紅色食物，以大幅提高考運。另外考前耐力十足的努力也很重要。

請多吃青菜、根莖類食物，牛蒡及蔬菜汁都很好。

●考前多吃根莖類

依小孩個性不同，施行的風水術也不同。

對於定不下心讀書的小孩，請參考「希望成績更好」中的『對於定不下心的小孩……』一項，重新調整室內配置。

另外，對於拚命用功讀書卻難以發揮實力的小孩，必須充分利用東方力量。東方是發揮潛在威力的方位，將書桌擺在東側向東方位，書桌上放時鐘及三枝紅色筆。書桌兩側請擺觀葉植物。儘可能選和小孩身高一般的植物，如果室內在三坪以內，則低一點也無妨。

考試前一星期左右請將書桌移至房間正中央，南向而讀。書桌兩側擺一公尺左右觀葉植物。檯燈則放在書桌正面。

雙親應該隨旁監視。每天早上讓小孩喝紅蘿蔔等根莖類蔬菜汁，如此必能通過考試。

「擴展小孩的世界」

●想交朋友請在小孩房的東南放小孩照片

在小孩房的東南裝飾小孩笑顏照片，照片請放入木製相框內。盡量挑選大一點的照片。想讓小孩多交些朋友、與同伴良好的相處時，請將書桌位置變為東南向。因為東南可得朋友緣，而且人際關係與清柔香味相性佳。所以可在房內擺一點香花，或噴些香水、古龍水。圓滑的人際關係有賴明亮房間。桌上請放檯燈。

東北方位具有湧現新力量的威力。如果想創造新人緣時，請在鬼門方位放置有聲物品，如此不但新力量湧現，還可促進人際關係。

放假日全家出外走走很不錯。女子往北、東、南、西為吉，男子往北、東北、東、東南為吉。藉著移動可吸收人緣威力。順便提及交友相性，北方為溫柔小孩、東方為開朗小孩，南方為聰明小孩、西方為活潑愛說話的小孩、東北為依賴小孩、東南為口齒伶俐的小孩，往什麼方位就能交到什麼樣的朋友。

而為了獲得人緣，必須將玄關或房門手把擦得光光亮亮。並在門邊裝飾小孩照片二張，請使用金屬相框。南方是人緣、印象、美的方位。請在太陽位於南方的中午十二時左右向南而行，綠色物品也屬吉。

此時開運食物為蝦捲、炸蝦餅。一星期吃二次。

小孩多半喜歡在自己房內講電話，電話請裝在門邊小孩照片附近。

●增進親子關係

不管怎麼說，利用飲食解決是最好方法。請儘量一起進餐。

請檢查全家團聚場所的餐廳、客廳是不是骯髒了。務必打掃乾淨。

更新餐具也是一個好方法。

掌握人際關係的粉紅色、紅色、黃色、白色等四種顏色，若能妥善運用於室內裝潢、餐具方面，或者在餐桌上佈置這四種顏色鮮花，都可促進親子關係，照明不足也有礙家庭團聚。

另外必須特別注意，不要一味地說教，不要讓小孩覺得一團聚就緊張。

如果你感到小孩有些異常，似乎不知所措時，請讓他坐在南側位置，這樣小孩會將內心秘密說出來，你也能適度給予協助。

接下來是玄關。注意鞋子不要拿出二雙以上，就這麼放著不收好，最好整整齊齊地擺在鞋櫃裡。如此可消除家人間的恨意。

●發展小孩的才能

發展美術方面的才能

如果你希望小孩未來往美術方面發展，請將書桌擺在房間的南側。基本上美術方面的才能須利用南方力量。想培養藝術感覺時，在南方放觀葉植物等綠色物品，若能在書桌兩側放置一對效果絕佳。椅子上請放綠色椅墊，桌上再放二枝光亮原子筆。

如果有小孩崇拜的偶像，請將宣傳照掛在東南。

發展語言學方面的才能

如果你想讓小孩發展語言學方面的才能，但讓他補習英語會話也沒什麼效果時，必須吸收東方力量。

為了吸收東方力量，睡眠時頭也要朝東。並在東側放置紅色物品。紅色代表太陽的顏色，與東側相性非常好，能增進威力。

只要紅色物品或畫都可以。如果是繪畫請選美國畫家的作品，紅色物品也以美製品最合適。例如米老鼠、唐老鴨都可以。

不論掛畫或擺裝飾品都一定要隨時保持光鮮亮麗。因為塵埃將使效果無法顯現。

另外，希望畫或裝飾品能接受日照，如果日照位置沒有窗戶，請利用檯燈。

錄音機請放在東側，最好讓小孩不斷聽英文歌、英文錄音帶。書架上也放一些英語雜誌。

發展體育方面的才能

必須利用小孩房東西南北全部力量。

體力方面有賴東方威力。東側放電視、時鐘、打開東窗迎朝日等已不待言。

南側擺植物。本能理解力不好的人不適合運動。

西側擺服裝、鏡子。適宜的裝扮是運動不可或缺的一環，此力位於西側，請讓小孩吸收西側力量。

睡眠採東枕或南枕，盡量使用木製品。

北側放書桌、書櫃。北側對培育心靈、精神部份有助益。這也是運動不可缺少的部份。

●西南有大窗戶小心小孩吊兒郎噹

東側有窗能使朝陽射入，但如果西南有窗呢？來自西南的太陽光會對小孩產生遲鈍作用。在西南側擺大型觀葉植物，可以防止小孩吊兒郎噹的個性。

東側最好不要有衣櫃等物品，配置窗戶是理想狀態，但不論有沒有窗戶，都請在東側擺植物。開紅花的植物最好。

床舖配置盡量在幸運區上，東枕而眠。

成功者多半早起。上午讀書、工作是成功的關鍵。這不僅是我的經驗，更是實際統計結果，錯不了的。

早晨起不來的人，請務必養成早起的好習慣。

東方威力對於位在世界極東的日本而言，更是威力無限。有幸生於日本，如果不好好利用東方力量，豈不是太可惜了嗎?

風水上這麼一句話，『早起小孩之家必得安泰』。請牢記早起是成功的第一步。

●提高讀書運請在書桌北側放綠、黑物品

以自己所坐位置為南。則正前方為北、右手側為東、左手側為西。桌上放置適合顏色物品，可為自己帶來好運。顏色具有大幅提高威力的效果。

提高財運請在西側擺黃色物品。

提高戀愛運請在東側放粉紅色物品。

提高讀書運請在北側放綠、黑、灰色物品。

提高異性緣請在南側放白色物品。（即使只放個白色座墊亦可）

振奮精神有賴於東側紅、藍物品。

只要顏色配合，不管放什麼東西都沒關係。但照明必須放在正面。另外將『○○及格』的標誌放在抽屜的左內側。

後記

非常感謝各位將本書閱讀完畢。

這本書之所以名為『風水的奧義』，實在是因為前作均只傳授讀者技術性方法，本人認為有必要讓各位奠定風水基礎。

我，小林在這本書中想傳達給各位的是對於風水的心態與想法。

風水不僅使用於地脈占卜而已，更與我們日常衣食住息息相關，這就是本書所強調的重點。風水就是創造幸福生活的方法。

生存在這個不安定的世界上，我們不知道什麼時候會發生什麼事，也不知道會被捲入什麼事件當中，這時候，掌握自己運勢走向就很重要了。這也就是風水備受矚目的原因。

我們都希望能夠幸福地活在這個世界上。我們幸運，大地也高興。我認為應該明確地運用風水，將古人的智慧精華運用在日常生活中。否定過去就沒有現在。找房子、找土地、找男朋友、找女朋友、找工作等等，或者吃什麼比較好？穿什麼顏色衣服比較好？戴什麼眼鏡比較好？該買什麼戒指等等，當你出現疑惑時，都可請古人智慧來解決，這就是風水。

風水不僅是一門技術，更是智慧、想法、作息。對我而言，風水這門學問就是「深信不疑」的智慧。從孩提時代聽聞風水、接受風水教育、實施風水的結果，造就了今日的我。

請各位也快樂實施風水術，相信你必定能夠掌握屬於自己的幸福。

以前沒實施風水術的人，現在開始還不遲。請為你及你的子孫創造更幸福的明天。

小林祥晃

作者聯絡地址：

〒158　東京都世田谷区瀨田4－25－4

小林祥晃事務局

☎03－3708－0404

本命星表

依生年不同共有九顆本命星，以本命星為基礎，每年方位之變化會引起吉凶作用，我們經常說「流年好」、「流年不好」，就是根據本命星而言，請依表找出自己的本命星。

※本命星的一年是自立春至節分，一九六三年二月一日生的人為一九六二年寅的二黑土星。

一白水星	二黑土星	三碧木星	四綠木星	五黃土星	六白金星	七赤金星	八白土星	九紫火星
1918年 午	1917年 巳	1916年 辰	1915年 卯	1914年 寅	1913年 丑	1912年 子	1920年 申	1919年 未
1927年 卯	1926年 寅	1925年 丑	1924年 子	1923年 亥	1922年 戌	1921年 酉	1929年 巳	1928年 辰
1936年 子	1935年 亥	1934年 戌	1933年 酉	1932年 申	1931年 未	1930年 午	1938年 寅	1937年 丑
1945年 酉	1944年 申	1943年 未	1942年 午	1941年 巳	1940年 辰	1939年 卯	1947年 亥	1946年 戌
1954年 午	1953年 巳	1952年 辰	1951年 卯	1950年 寅	1949年 丑	1948年 子	1956年 申	1955年 未
1963年 卯	1962年 寅	1961年 丑	1960年 子	1959年 亥	1958年 戌	1957年 酉	1965年 巳	1964年 辰
1972年 子	1971年 亥	1970年 戌	1969年 酉	1968年 申	1967年 未	1966年 午	1974年 寅	1973年 丑
1981年 酉	1980年 申	1979年 未	1978年 午	1977年 巳	1976年 辰	1975年 卯	1983年 亥	1982年 戌
1990年 午	1989年 巳	1988年 辰	1987年 卯	1986年 寅	1985年 丑	1984年 子	1992年 申	1991年 未
1999年 卯	1998年 寅	1997年 丑	1996年 子	1995年 亥	1994年 戌	1993年 酉	2001年 巳	2000年 辰

吉方位表

吉方位根據本命星而定，不論搬遷、旅行、購物都請參照吉方位表選擇最佳月份。

◎為大吉、○為中吉、△為無難方位、無記號為凶方位。各位只要特別注意凶方位即可，如果非得往凶方位移動不可時，請先往吉方位（盡可能四天左右）後再往目的地，如此可降低凶作用。

〔一白水星吉方位〕

西元		1月	2月	3月	4月	5月	6月	7月	8月	9月	10月	11月	12月
一九九五年	北												
	東北	○		○	○						○		○
	東		○	○	◎			◎	◎			○	○
	東南												
	南												
	西南			○	○			○	△		△		○
	西		◎		○			○	◎	◎		◎	◎
	西北			○			○		◎		◎		○
一九九六年	北		○	○				△	○			○	○
	東北	○											
	東	◎			○	○	△		△		○		
	東南												
	南												
	西南												
	西	○			○	◎	◎		◎	◎	○		
	西北												
一九九七年	北			△	△	○			○	○			△
	東北		○		◎		◎				○	○	
	東	○											
	東南		○		△		△		○	○			
	南			○	◎	◎			◎	○			
	西南												
	西	○											
	西北		◎				○		○	○		◎	
一九九八年	北	△	◎			◎				○	○	◎	
	東北	◎											
	東		△	△	○			○	○			△	△
	東南	△											
	南	◎	◎			◎	○			○	◎	◎	
	西南												
	西		◎		○			○	◎	◎		◎	◎
	西北	◎											
一九九九年	北												
	東北				○	○				◎	◎		
	東	○			○	○	△		△		○		
	東南		○	○		○		△		△			○
	南												
	西南				◎	○		○		◎	◎		
	西	○											
	西北		△	△				○		△		△	△
二〇〇〇年	北												
	東北	○	○		◎		◎				○	○	
	東	○	◎	○		○	○	◎			◎	◎	○
	東南												
	南												
	西南				○		◎	◎			◎	○	
	西		○			○	○	△			△	○	○
	西北												

〔三碧木星吉方位〕　〔二黑土星吉方位〕

西元		1月	2月	3月	4月	5月	6月	7月	8月	9月	10月	11月	12月		1月	2月	3月	4月	5月	6月	7月	8月	9月	10月	11月	12月
一九九五年	北	△	○					○	◎	◎	○	○		北		○			△			△	○	○	○	
	東北			○			○			△	△		○	東北	◎											
	東													東		○	○		○		△	△			○	○
	東南													東南												
	南	○	○					◎	◎	○	○	○		南		◎			○			◎	◎	◎	◎	
	西南			△			○		△	○	○		△	西南												
	西													西		○			○		◎	◎			○	○
	西北			△			△		△		○		△	西北		○				◎		◎			○	
一九九六年	北				○	◎		○	○					北		○			○		◎	◎			○	
	東北			○		△	△			○			○	東北			○	◎		◎			○	○		○
	東		△		○		△		○		△	△		東												
	東南													東南												
	南													南												
	西南			◎		○	◎	◎		○			◎	西南			△	△		△	○		○	○		△
	西		○		△		△		○		△	○		西												
	西北	○												西北	○											
一九九七年	北	○	○	○	△	△					△	○	○	北		○	◎	◎	◎			○			○	◎
	東北		△	△	△		○			○		△	△	東北	◎		◎	◎		○			○	◎		◎
	東	○												東												
	東南		○		△		○	△	△	△				東南												
	南		○	△	△	△					○	○		南		◎	◎	◎	◎			○			◎	
	西南													西南												
	西	△												西												
	西北		○				○	◎	◎	○		○		西北												
一九九八年	北	△	△					△	○	○	△	△		北	◎	◎			○			○	◎	◎	◎	
	東北	△												東北	◎											
	東		◎		○	○		◎				◎		東		◎	◎		◎		○	○			○	◎
	東南	△												東南		△		○	○	○		△				
	南	△	△					○	○	△	△	△		南	◎	◎			○			◎	◎	◎	◎	
	西南													西南												
	西		◎		○	◎		○		○		◎		西		△			△		○	○			△	△
	西北	◎												西北		△				○		○			△	
一九九九年	北													北												
	東北			◎		○	○			◎			◎	東北			△	○		○			△	△		△
	東	○												東		◎		○	○			◎			◎	
	東南		○	○		◎		○		◎			○	東南	○											
	南													南												
	西南			○		△	○	○		△			○	西南			○	○		○	◎		◎	◎		○
	西	○												西												
	西北		○	△				○		△	○	○	△	西北	△											
二〇〇〇年	北													北												
	東北													東北	○		○	○		△			△	○		○
	東			△		○		△	△		○		△	東	○											
	東南		○		△		○	△	△	△				東南		○			○		◎	◎	◎			
	南													南												
	西南													西南			○	◎		◎	◎		○	○		○
	西					○		△	○		△		△	西												
	西北													西北												

〔五黃土星吉方位〕　〔四綠木星吉方位〕

西元		1月	2月	3月	4月	5月	6月	7月	8月	9月	10月	11月	12月		1月	2月	3月	4月	5月	6月	7月	8月	9月	10月	11月	12月
一九九五年	北	◎	○			△		○	△	○	○	○		北	△	○					○	◎	◎	○	○	
	東北	◎		○	○		○			◎	◎		○	東北	○			○					△	△		
	東		○	○	○	○		△	△			○	○	東			○	○	○			◎				○
	東南													東南												
	南	○	◎			○	◎	○	◎	◎	◎	◎		南	○	○				○	◎	◎	○	○	○	
	西南			◎	◎		○	○	◎	○	◎		◎	西南				△			○	△	○	○		
	西		○		◎	○		◎	◎	◎		○	○	西				△	○			△	△			○
	西北		○	◎			◎		◎		○	○	◎	西北												
一九九六年	北		○	○	◎	○		◎	◎			○	○	北			◎	○	◎		○	○				◎
	東北	○		○	◎	◎	◎			○	○		○	東北	○			○	△	△				○		
	東	○	◎		○	○	◎		◎		◎	◎		東	○	△			○	△				△	△	
	東南													東南												
	南													南												
	西南			△	△	○	△	○		○	○		△	西南				◎	○	◎	◎			○		
	西	◎	○		◎	◎	◎		○	○	◎	○		西	△	○			△	△			○	△	○	
	西北	○												西北												
一九九七年	北	◎	○	◎	◎	◎			○	○	◎	○	◎	北	○	○	○	△	△				○	△	○	○
	東北	◎	◎	◎	◎		○			○	◎	◎	◎	東北	○	△	△	△						○	△	△
	東	○												東												
	東南		○		◎	◎	◎	◎	◎	◎				東南												
	南		◎	◎	◎	◎			○	◎	○	◎		南		○	△	△	△				△	○	○	
	西南													西南												
	西	◎												西												
	西北		○				○	△	○	○		○		西北												
一九九八年	北	◎	◎			○		◎	○	◎	◎	◎		北	△	△					△	○	○	△	△	
	東北	◎												東北	△											
	東		◎	◎	◎	◎		○	○			◎	◎	東												
	東南	◎	△	○	○	○	○		△				○	東南		◎	◎	○	○	○						◎
	南	◎	◎			○	◎	○	◎	◎	◎	◎		南	△	△				△	○	○	△	△	△	
	西南													西南												
	西		△		○	△		○	○	○		△	△	西												
	西北	△	△	○			○		○		△	△	○	西北		◎	○			○					◎	○
一九九九年	北													北												
	東北			△	○	○	○			△	△		△	東北												
	東	◎	◎		○	○	◎		◎		◎	◎		東		△			○	△				△	△	
	東南	○	◎	◎		○		◎	○	◎			◎	東南	○	○	○					◎	◎			○
	南													南												
	西南			○	○	◎	○	◎		◎	◎		○	西南												
	西	○												西												
	西北	△	◎	◎				○	○	◎	○	◎	◎	西北	◎	○	△					○	△	○	○	△
二〇〇〇年	北													北												
	東北	○	○	○	○		△			△	○	○	○	東北		○	○	○						◎	○	○
	東	○	○	◎		◎	◎	◎	◎		○	○	◎	東		○	△			△	△	△			○	△
	東南		○		◎	○	◎	◎	◎	◎				東南					○	○	△	△	△			
	南													南												
	西南			○	◎		◎	◎		○	○	◎	○	西南			○	○			△			○	△	○
	西		◎			○	○	◎	○		◎	◎	◎	西		△				○	△	○			△	△
	西北													西北												

〔七赤金星吉方位〕

西元		1月	2月	3月	4月	5月	6月	7月	8月	9月	10月	11月	12月
一九九五年	北					○		◎	◎	○			
	東北	○			○		◎				◎		
	東												
	東南												
	南					△	○	○	△	○			
	西南				◎		○	○	◎		○		
	西												
	西北		○	◎			◎		◎		○	○	◎
一九九六年	北		△	△	○	○						△	△
	東北	○											
	東		◎		○		◎		○			◎	
	東南												
	南												
	西南												
	西		◎		◎		◎		○	○		◎	
	西北	◎											
一九九七年	北	○											
	東北		◎		◎					◎	○	◎	
	東	○											
	東南		○		◎	◎	○	◎		◎			
	南												
	西南												
	西	◎											
	西北		○				○	○		○		○	
一九九八年	北												
	東北	◎											
	東		△	○		○		△				△	○
	東南	◎	◎	○	◎		◎		○				○
	南												
	西南												
	西		△			○		○		○		△	△
	西北	△	△	○			○		○		△	△	○
一九九九年	北												
	東北												
	東		◎		○		◎		○			◎	
	東南	◎		○		△		○	○	△			○
	南												
	西南												
	西												
	西北	○		◎				○	○	◎	◎		◎
二〇〇〇年	北												
	東北		○		○					○	△	○	
	東	○											
	東南		○		◎	◎	○	◎		◎			
	南												
	西南				○			◎		○	○	◎	
	西												
	西北												

〔六白金星吉方位〕

西元		1月	2月	3月	4月	5月	6月	7月	8月	9月	10月	11月	12月
一九九五年	北	◎				○		◎	◎	○	◎		
	東北			○			◎			◎			○
	東		△	○	○			△	△			△	○
	東南												
	南	◎				△	○	○	△	○	○		
	西南			◎			○	○	◎	◎			◎
	西		○		◎			◎	◎			○	○
	西北												
一九九六年	北		△	△	○	○		○				△	△
	東北			◎	○	◎	◎			○			◎
	東	○											
	東南												
	南												
	南西			○	○	◎	◎			◎			○
	西	◎											
	西北												
一九九七年	北	○	◎	○	◎				○	○	◎	◎	○
	東北	○											
	東												
	東南				◎	◎	○	◎	◎				
	南		○	◎	◎				○	◎	◎	○	
	西南												
	西												
	西北						○	○	△				
一九九八年	北	◎											
	東北												
	東		△	○	○			△	△			△	○
	東南	◎	◎	○	◎	◎							○
	南	◎											
	西南												
	西		△		○			○	○			△	△
	西北	△	△	○							△	△	○
一九九九年	北												
	東北			○	△	○	○			△			○
	東	○			○	○			○		◎		
	東南	◎	○					○	○	△			
	南												
	西南			○	○	◎	◎			◎			○
	西	○											
	西北	○	○					○	○	◎	◎	○	
二〇〇〇年	北												
	東北	△											
	東	○	○			○	◎	◎			○	○	
	東南				◎	◎	○	◎	◎				
	南												
	西南												
	西		◎			○	○	◎			◎	◎	
	西北												

〔九紫火星吉方位〕

西元		1月	2月	3月	4月	5月	6月	7月	8月	9月	10月	11月	12月
一九九五年	北	◎											
	東北			◎	◎		○			○			◎
	東			◎	○	○		◎	◎				◎
	東南												
	南	△											
	西南			○	○		◎		◎	○			○
	西				○	△		○	△	△			○
	西北		○				○		△		○	○	
一九九六年	北												
	東北	◎		△		○	△			○	○		△
	東	○	○		◎	◎	◎				○	○	
	東南												
	南												
	西南			○		○	△			△	△		○
	西	○	△		○	△	△			○	○	△	
	西北	△											
一九九七年	北				◎	○			◎	◎	◎		
	東北												
	東	◎											
	東南		◎		◎	○		◎		○			
	南				△	△			○	○	△		
	西南												
	西	○											
	西北		○					○		◎		○	
一九九八年	北	◎	△			○		○			○	△	
	東北												
	東												
	東南	◎	△		○		△		○				
	南	△	△			○	○	△			△	△	
	西南												
	西												
	西北	◎	◎				◎		○		◎	◎	
一九九九年	北												
	東北			○		◎	○			◎	◎		○
	東		○		◎	◎	◎				○	○	
	東南	○											
	南												
	西南			○		○	△			△	△		○
	西												
	西北	○											
二〇〇〇年	北												
	東北		◎	○			◎			○		◎	○
	東	◎	○	○			○	△	△		○	○	○
	東南		◎		◎	○		◎		○			
	南												
	西南			△			△	△		○		○	△
	西		○				◎	◎	○		◎	○	○
	西北												

〔八白土星吉方位〕

西元		1月	2月	3月	4月	5月	6月	7月	8月	9月	10月	11月	12月
一九九五年	北		○			△		○	△			○	
	東北	◎											
	東		○		○	○			△			△	
	東南												
	南		◎			○	◎	○	◎			◎	
	西南												
	西		○		◎	○			◎	◎		○	
	西北		○	◎					◎		○	○	◎
一九九六年	北												
	東北			○	◎		◎			○	○		○
	東	○	◎			○	◎		◎		◎	◎	
	東南												
	南												
	西南			△	△		△	○		○	○		△
	西	◎	○			◎	◎		○		◎	○	
	西北												
一九九七年	北												
	東北	◎		◎	◎		○			○	◎		◎
	東												
	東南		○		◎	○	◎		◎				
	南												
	西南												
	西												
	西北		○				○		○			○	
一九九八年	北		◎			○		◎	○			◎	
	東北	◎											
	東		◎		◎	◎			○			◎	
	東南	◎	△	○		○			△				○
	南		◎			○	◎	○	◎			◎	
	西南												
	西		△		○	△			○	○		△	
	西北	△	△	○					○		△	△	○
一九九九年	北												
	東北			△	○		○			△	△		△
	東	◎											
	東南		◎			○		◎	○	◎			
	南												
	西南			○	○		○	◎		◎	◎		○
	西	○											
	西北		◎					○	○	◎		◎	
二〇〇〇年	北												
	東北	○		○	○		△			△	○		○
	東		○	◎		◎		◎	◎			○	◎
	東南												
	南												
	西南			○	◎		◎	◎		○	○		○
	西		◎			○		◎	○			◎	◎
	西北												

大展出版社有限公司	圖書目錄

地址：台北市北投區11204
致遠一路二段12巷1號
郵撥： 0166955～1
電話：(02) 8236031
8236033
傳眞：(02) 8272069

• 法律專欄連載 • 電腦編號 58

台大法學院 法律學系／策劃
法律服務社／編著

①別讓您的權利睡著了[1]	200元
②別讓您的權利睡著了[2]	200元

• 秘傳占卜系列 • 電腦編號 14

①手相術	淺野八郎著	150元
②人相術	淺野八郎著	150元
③西洋占星術	淺野八郎著	150元
④中國神奇占卜	淺野八郎著	150元
⑤夢判斷	淺野八郎著	150元
⑥前世、來世占卜	淺野八郎著	150元
⑦法國式血型學	淺野八郎著	150元
⑧靈感、符咒學	淺野八郎著	150元
⑨紙牌占卜學	淺野八郎著	150元
⑩ＥＳＰ超能力占卜	淺野八郎著	150元
⑪猶太數的秘術	淺野八郎著	150元
⑫新心理測驗	淺野八郎著	160元

• 趣味心理講座 • 電腦編號 15

①性格測驗１	探索男與女	淺野八郎著	140元
②性格測驗２	透視人心奧秘	淺野八郎著	140元
③性格測驗３	發現陌生的自己	淺野八郎著	140元
④性格測驗４	發現你的真面目	淺野八郎著	140元
⑤性格測驗５	讓你們吃驚	淺野八郎著	140元
⑥性格測驗６	洞穿心理盲點	淺野八郎著	140元
⑦性格測驗７	探索對方心理	淺野八郎著	140元
⑧性格測驗８	由吃認識自己	淺野八郎著	140元
⑨性格測驗９	戀愛知多少	淺野八郎著	140元

⑩性格測驗10	由裝扮瞭解人心	淺野八郎著	140元
⑪性格測驗11	敲開內心玄機	淺野八郎著	140元
⑫性格測驗12	透視你的未來	淺野八郎著	140元
⑬血型與你的一生		淺野八郎著	160元
⑭趣味推理遊戲		淺野八郎著	160元
⑮行爲語言解析		淺野八郎著	160元

・婦幼天地・電腦編號16

①八萬人減肥成果	黃靜香譯	180元
②三分鐘減肥體操	楊鴻儒譯	150元
③窈窕淑女美髮秘訣	柯素娥譯	130元
④使妳更迷人	成　玉譯	130元
⑤女性的更年期	官舒妍編譯	160元
⑥胎內育兒法	李玉瓊編譯	150元
⑦早產兒袋鼠式護理	唐岱蘭譯	200元
⑧初次懷孕與生產	婦幼天地編譯組	180元
⑨初次育兒12個月	婦幼天地編譯組	180元
⑩斷乳食與幼兒食	婦幼天地編譯組	180元
⑪培養幼兒能力與性向	婦幼天地編譯組	180元
⑫培養幼兒創造力的玩具與遊戲	婦幼天地編譯組	180元
⑬幼兒的症狀與疾病	婦幼天地編譯組	180元
⑭腿部苗條健美法	婦幼天地編譯組	150元
⑮女性腰痛別忽視	婦幼天地編譯組	150元
⑯舒展身心體操術	李玉瓊編譯	130元
⑰三分鐘臉部體操	趙薇妮著	160元
⑱生動的笑容表情術	趙薇妮著	160元
⑲心曠神怡減肥法	川津祐介著	130元
⑳內衣使妳更美麗	陳玄茹譯	130元
㉑瑜伽美姿美容	黃靜香編著	150元
㉒高雅女性裝扮學	陳珮玲譯	180元
㉓蠶糞肌膚美顏法	坂梨秀子著	160元
㉔認識妳的身體	李玉瓊譯	160元
㉕產後恢復苗條體態	居理安・芙萊喬著	200元
㉖正確護髮美容法	山崎伊久江著	180元
㉗安琪拉美姿養生學	安琪拉蘭斯博瑞著	180元
㉘女體性醫學剖析	增田豐著	220元
㉙懷孕與生產剖析	岡部綾子著	180元
㉚斷奶後的健康育兒	東城百合子著	220元
㉛引出孩子幹勁的責罵藝術	多湖輝著	170元
㉜培養孩子獨立的藝術	多湖輝著	170元

㉝子宮肌瘤與卵巢囊腫	陳秀琳編著	180元
㉞下半身減肥法	納他夏・史達賓著	180元
㉟女性自然美容法	吳雅菁編著	180元

・青春天地・電腦編號 17

①A血型與星座	柯素娥編譯	120元
②B血型與星座	柯素娥編譯	120元
③O血型與星座	柯素娥編譯	120元
④AB血型與星座	柯素娥編譯	120元
⑤青春期性教室	呂貴嵐編譯	130元
⑥事半功倍讀書法	王毅希編譯	150元
⑦難解數學破題	宋釗宜編譯	130元
⑧速算解題技巧	宋釗宜編譯	130元
⑨小論文寫作秘訣	林顯茂編譯	120元
⑪中學生野外遊戲	熊谷康編著	120元
⑫恐怖極短篇	柯素娥編譯	130元
⑬恐怖夜話	小毛驢編譯	130元
⑭恐怖幽默短篇	小毛驢編譯	120元
⑮黑色幽默短篇	小毛驢編譯	120元
⑯靈異怪談	小毛驢編譯	130元
⑰錯覺遊戲	小毛驢編譯	130元
⑱整人遊戲	小毛驢編著	150元
⑲有趣的超常識	柯素娥編譯	130元
⑳哦！原來如此	林慶旺編譯	130元
㉑趣味競賽100種	劉名揚編譯	120元
㉒數學謎題入門	宋釗宜編譯	150元
㉓數學謎題解析	宋釗宜編譯	150元
㉔透視男女心理	林慶旺編譯	120元
㉕少女情懷的自白	李桂蘭編譯	120元
㉖由兄弟姊妹看命運	李玉瓊編譯	130元
㉗趣味的科學魔術	林慶旺編譯	150元
㉘趣味的心理實驗室	李燕玲編譯	150元
㉙愛與性心理測驗	小毛驢編譯	130元
㉚刑案推理解謎	小毛驢編譯	130元
㉛偵探常識推理	小毛驢編譯	130元
㉜偵探常識解謎	小毛驢編譯	130元
㉝偵探推理遊戲	小毛驢編譯	130元
㉞趣味的超魔術	廖玉山編著	150元
㉟趣味的珍奇發明	柯素娥編著	150元
㊱登山用具與技巧	陳瑞菊編著	150元

・健康天地・電腦編號18

①壓力的預防與治療	柯素娥編譯	130元
②超科學氣的魔力	柯素娥編譯	130元
③尿療法治病的神奇	中尾良一著	130元
④鐵證如山的尿療法奇蹟	廖玉山譯	120元
⑤一日斷食健康法	葉慈容編譯	150元
⑥胃部強健法	陳炳崑譯	120元
⑦癌症早期檢查法	廖松濤譯	160元
⑧老人痴呆症防止法	柯素娥編譯	130元
⑨松葉汁健康飲料	陳麗芬編譯	130元
⑩揉肚臍健康法	永井秋夫著	150元
⑪過勞死、猝死的預防	卓秀貞編譯	130元
⑫高血壓治療與飲食	藤山順豐著	150元
⑬老人看護指南	柯素娥編譯	150元
⑭美容外科淺談	楊啟宏著	150元
⑮美容外科新境界	楊啟宏著	150元
⑯鹽是天然的醫生	西英司郎著	140元
⑰年輕十歲不是夢	梁瑞麟譯	200元
⑱茶料理治百病	桑野和民著	180元
⑲綠茶治病寶典	桑野和民著	150元
⑳杜仲茶養顏減肥法	西田博著	150元
㉑蜂膠驚人療效	瀨長良三郎著	150元
㉒蜂膠治百病	瀨長良三郎著	180元
㉓醫藥與生活	鄭炳全著	180元
㉔鈣長生寶典	落合敏著	180元
㉕大蒜長生寶典	木下繁太郎著	160元
㉖居家自我健康檢查	石川恭三著	160元
㉗永恒的健康人生	李秀鈴譯	200元
㉘大豆卵磷脂長生寶典	劉雪卿譯	150元
㉙芳香療法	梁艾琳譯	160元
㉚醋長生寶典	柯素娥譯	180元
㉛從星座透視健康	席拉・吉蒂斯著	180元
㉜愉悅自在保健學	野本二士夫著	160元
㉝裸睡健康法	丸山淳士等著	160元
㉞糖尿病預防與治療	藤田順豐著	180元
㉟維他命長生寶典	菅原明子著	180元
㊱維他命C新效果	鐘文訓編	150元
㊲手、腳病理按摩	堤芳郎著	160元
㊳AIDS瞭解與預防	彼得塔歇爾著	180元

㊴甲殼質殼聚糖健康法	沈永嘉譯	160元
㊵神經痛預防與治療	木下眞男著	160元
㊶室內身體鍛鍊法	陳炳崑編著	160元
㊷吃出健康藥膳	劉大器編著	180元
㊸自我指壓術	蘇燕謀編著	160元
㊹紅蘿蔔汁斷食療法	李玉瓊編著	150元
㊺洗心術健康秘法	竺翠萍編譯	170元
㊻枇杷葉健康療法	柯素娥編譯	180元
㊼抗衰血癒	楊啟宏著	180元
㊽與癌搏鬥記	逸見政孝著	180元
㊾冬蟲夏草長生寶典	高橋義博著	170元
㊿痔瘡・大腸疾病先端療法	宮島伸宜著	180元
51膠布治癒頑固慢性病	加瀨建造著	180元
52芝麻神奇健康法	小林貞作著	170元
53香煙能防止癡呆？	高田明和著	180元
54穀菜食治癌療法	佐藤成志著	180元

・實用女性學講座・電腦編號 19

①解讀女性內心世界	島田一男著	150元
②塑造成熟的女性	島田一男著	150元
③女性整體裝扮學	黃靜香編著	180元
④女性應對禮儀	黃靜香編著	180元

・校 園 系 列・電腦編號 20

①讀書集中術	多湖輝著	150元
②應考的訣竅	多湖輝著	150元
③輕鬆讀書贏得聯考	多湖輝著	150元
④讀書記憶秘訣	多湖輝著	150元
⑤視力恢復！超速讀術	江錦雲譯	180元
⑥讀書36計	黃柏松編著	180元
⑦驚人的速讀術	鐘文訓編著	170元

・實用心理學講座・電腦編號 21

①拆穿欺騙伎倆	多湖輝著	140元
②創造好構想	多湖輝著	140元
③面對面心理術	多湖輝著	160元
④僞裝心理術	多湖輝著	140元
⑤透視人性弱點	多湖輝著	140元

⑥自我表現術	多湖輝著	150元
⑦不可思議的人性心理	多湖輝著	150元
⑧催眠術入門	多湖輝著	150元
⑨責罵部屬的藝術	多湖輝著	150元
⑩精神力	多湖輝著	150元
⑪厚黑說服術	多湖輝著	150元
⑫集中力	多湖輝著	150元
⑬構想力	多湖輝著	150元
⑭深層心理術	多湖輝著	160元
⑮深層語言術	多湖輝著	160元
⑯深層說服術	多湖輝著	180元
⑰掌握潛在心理	多湖輝著	160元
⑱洞悉心理陷阱	多湖輝著	180元
⑲解讀金錢心理	多湖輝著	180元
⑳拆穿語言圈套	多湖輝著	180元
㉑語言的心理戰	多湖輝著	180元

•超現實心理講座•電腦編號 22

①超意識覺醒法	詹蔚芬編譯	130元
②護摩秘法與人生	劉名揚編譯	130元
③秘法！超級仙術入門	陸　明譯	150元
④給地球人的訊息	柯素娥編著	150元
⑤密教的神通力	劉名揚編著	130元
⑥神秘奇妙的世界	平川陽一著	180元
⑦地球文明的超革命	吳秋嬌譯	200元
⑧力量石的秘密	吳秋嬌譯	180元
⑨超能力的靈異世界	馬小莉譯	200元
⑩逃離地球毀滅的命運	吳秋嬌譯	200元
⑪宇宙與地球終結之謎	南山宏著	200元
⑫驚世奇功揭秘	傅起鳳著	200元
⑬啟發身心潛力心象訓練法	栗田昌裕著	180元
⑭仙道術遁甲法	高藤聰一郎著	220元
⑮神通力的秘密	中岡俊哉著	180元

•養　生　保　健•電腦編號 23

①醫療養生氣功	黃孝寬著	250元
②中國氣功圖譜	余功保著	230元
③少林醫療氣功精粹	井玉蘭著	250元
④龍形實用氣功	吳大才等著	220元

⑤魚戲增視強身氣功	宮　嬰著	220元
⑥嚴新氣功	前新培金著	250元
⑦道家玄牝氣功	張　章著	200元
⑧仙家秘傳袪病功	李遠國著	160元
⑨少林十大健身功	秦慶豐著	180元
⑩中國自控氣功	張明武著	250元
⑪醫療防癌氣功	黃孝寬著	250元
⑫醫療強身氣功	黃孝寬著	250元
⑬醫療點穴氣功	黃孝寬著	250元
⑭中國八卦如意功	趙維漢著	180元
⑮正宗馬禮堂養氣功	馬禮堂著	420元
⑯秘傳道家筋經內丹功	王慶餘著	280元
⑰三元開慧功	辛桂林著	250元
⑱防癌治癌新氣功	郭　林著	180元
⑲禪定與佛家氣功修煉	劉天君著	200元
⑳顛倒之術	梅自強著	元
㉑簡明氣功辭典	吳家駿編	元

・社會人智囊・電腦編號24

①糾紛談判術	清水增三著	160元
②創造關鍵術	淺野八郎著	150元
③觀人術	淺野八郎著	180元
④應急詭辯術	廖英迪編著	160元
⑤天才家學習術	木原武一著	160元
⑥猫型狗式鑑人術	淺野八郎著	180元
⑦逆轉運掌握術	淺野八郎著	180元
⑧人際圓融術	澀谷昌三著	160元
⑨解讀人心術	淺野八郎著	180元
⑩與上司水乳交融術	秋元隆司著	180元
⑪男女心態定律	小田晉著	180元
⑫幽默說話術	林振輝編著	200元
⑬人能信賴幾分	淺野八郎著	180元
⑭我一定能成功	李玉瓊譯	元
⑮獻給青年的嘉言	陳蒼杰譯	元
⑯知人、知面、知其心	林振輝編著	元

・精 選 系 列・電腦編號25

①毛澤東與鄧小平	渡邊利夫等著	280元
②中國大崩裂	江戶介雄著	180元

③台灣・亞洲奇蹟	上村幸治著	220元
④7-ELEVEN高盈收策略	國友隆一著	180元
⑤台灣獨立	森　詠著	200元
⑥迷失中國的末路	江戶雄介著	220元
⑦2000年5月全世界毀滅	紫藤甲子男著	180元

・運 動 遊 戲・電腦編號26

①雙人運動	李玉瓊譯	160元
②愉快的跳繩運動	廖玉山譯	180元
③運動會項目精選	王佑京譯	150元
④肋木運動	廖玉山譯	150元
⑤測力運動	王佑宗譯	150元

・銀髮族智慧學・電腦編號28

①銀髮六十樂逍遙	多湖輝著	170元
②人生六十反年輕	多湖輝著	170元
③六十歲的決斷	多湖輝著	170元

・心 靈 雅 集・電腦編號00

①禪言佛語看人生	松濤弘道著	180元
②禪密教的奧秘	葉逯謙譯	120元
③觀音大法力	田口日勝著	120元
④觀音法力的大功德	田口日勝著	120元
⑤達摩禪106智慧	劉華亭編譯	150元
⑥有趣的佛教研究	葉逯謙編譯	120元
⑦夢的開運法	蕭京凌譯	130元
⑧禪學智慧	柯素娥編譯	130元
⑨女性佛教入門	許俐萍譯	110元
⑩佛像小百科	心靈雅集編譯組	130元
⑪佛教小百科趣談	心靈雅集編譯組	120元
⑫佛教小百科漫談	心靈雅集編譯組	150元
⑬佛教知識小百科	心靈雅集編譯組	150元
⑭佛學名言智慧	松濤弘道著	220元
⑮釋迦名言智慧	松濤弘道著	220元
⑯活人禪	平田精耕著	120元
⑰坐禪入門	柯素娥編譯	150元
⑱現代禪悟	柯素娥編譯	130元
⑲道元禪師語錄	心靈雅集編譯組	130元

⑳佛學經典指南	心靈雅集編譯組	130元
㉑何謂「生」 阿含經	心靈雅集編譯組	150元
㉒一切皆空 般若心經	心靈雅集編譯組	150元
㉓超越迷惘 法句經	心靈雅集編譯組	130元
㉔開拓宇宙觀 華嚴經	心靈雅集編譯組	130元
㉕真實之道 法華經	心靈雅集編譯組	130元
㉖自由自在 涅槃經	心靈雅集編譯組	130元
㉗沈默的教示 維摩經	心靈雅集編譯組	150元
㉘開通心眼 佛語佛戒	心靈雅集編譯組	130元
㉙揭秘寶庫 密教經典	心靈雅集編譯組	130元
㉚坐禪與養生	廖松濤譯	110元
㉛釋尊十戒	柯素娥編譯	120元
㉜佛法與神通	劉欣如編著	120元
㉝悟（正法眼藏的世界）	柯素娥編譯	120元
㉞只管打坐	劉欣如編著	120元
㉟喬答摩・佛陀傳	劉欣如編著	120元
㊱唐玄奘留學記	劉欣如編著	120元
㊲佛教的人生觀	劉欣如編譯	110元
㊳無門關（上卷）	心靈雅集編譯組	150元
㊴無門關（下卷）	心靈雅集編譯組	150元
㊵業的思想	劉欣如編著	130元
㊶佛法難學嗎	劉欣如著	140元
㊷佛法實用嗎	劉欣如著	140元
㊸佛法殊勝嗎	劉欣如著	140元
㊹因果報應法則	李常傳編	140元
㊺佛教醫學的奧秘	劉欣如編著	150元
㊻紅塵絕唱	海 若著	130元
㊼佛教生活風情	洪丕謨、姜玉珍著	220元
㊽行住坐臥有佛法	劉欣如著	160元
㊾起心動念是佛法	劉欣如著	160元
㊿四字禪語	曹洞宗青年會	200元
51妙法蓮華經	劉欣如編著	160元
52根本佛教與大乘佛教	葉作森編	180元

・經 營 管 理・電腦編號 01

◎創新經營管理六十六大計（精）	蔡弘文編	780元
①如何獲取生意情報	蘇燕謀譯	110元
②經濟常識問答	蘇燕謀譯	130元
④台灣商戰風雲錄	陳中雄著	120元
⑤推銷大王秘錄	原一平著	180元

⑥新創意・賺大錢	王家成譯	90元
⑦工廠管理新手法	琪　輝著	120元
⑨經營參謀	柯順隆譯	120元
⑩美國實業24小時	柯順隆譯	80元
⑪撼動人心的推銷法	原一平著	150元
⑫高竿經營法	蔡弘文編	120元
⑬如何掌握顧客	柯順隆譯	150元
⑭一等一賺錢策略	蔡弘文編	120元
⑯成功經營妙方	鐘文訓著	120元
⑰一流的管理	蔡弘文編	150元
⑱外國人看中韓經濟	劉華亭譯	150元
⑳突破商場人際學	林振輝編著	90元
㉑無中生有術	琪輝編著	140元
㉒如何使女人打開錢包	林振輝編著	100元
㉓操縱上司術	邑井操著	90元
㉔小公司經營策略	王嘉誠著	160元
㉕成功的會議技巧	鐘文訓編譯	100元
㉖新時代老闆學	黃柏松編著	100元
㉗如何創造商場智囊團	林振輝編譯	150元
㉘十分鐘推銷術	林振輝編譯	180元
㉙五分鐘育才	黃柏松編譯	100元
㉚成功商場戰術	陸明編譯	100元
㉛商場談話技巧	劉華亭編譯	120元
㉜企業帝王學	鐘文訓譯	90元
㉝自我經濟學	廖松濤編譯	100元
㉞一流的經營	陶田生編著	120元
㉟女性職員管理術	王昭國編譯	120元
㊱ＩＢＭ的人事管理	鐘文訓編譯	150元
㊲現代電腦常識	王昭國編譯	150元
㊳電腦管理的危機	鐘文訓編譯	120元
㊴如何發揮廣告效果	王昭國編譯	150元
㊵最新管理技巧	王昭國編譯	150元
㊶一流推銷術	廖松濤編譯	150元
㊷包裝與促銷技巧	王昭國編譯	130元
㊸企業王國指揮塔	松下幸之助著	120元
㊹企業精銳兵團	松下幸之助著	120元
㊺企業人事管理	松下幸之助著	100元
㊻華僑經商致富術	廖松濤編譯	130元
㊼豐田式銷售技巧	廖松濤編譯	180元
㊽如何掌握銷售技巧	王昭國編著	130元
㊿洞燭機先的經營	鐘文訓編譯	150元

㊷新世紀的服務業	鐘文訓編譯	100元
㊸成功的領導者	廖松濤編譯	120元
㊹女推銷員成功術	李玉瓊編譯	130元
㊺ＩＢＭ人才培育術	鐘文訓編譯	100元
㊻企業人自我突破法	黃琪輝編著	150元
㊽財富開發術	蔡弘文編著	130元
㊾成功的店舖設計	鐘文訓編著	150元
61企管回春法	蔡弘文編著	130元
62小企業經營指南	鐘文訓編譯	100元
63商場致勝名言	鐘文訓編譯	150元
64迎接商業新時代	廖松濤編譯	100元
66新手股票投資入門	何朝乾　編	180元
67上揚股與下跌股	何朝乾編譯	180元
68股票速成學	何朝乾編譯	200元
69理財與股票投資策略	黃俊豪編著	180元
70黃金投資策略	黃俊豪編著	180元
71厚黑管理學	廖松濤編譯	180元
72股市致勝格言	呂梅莎編譯	180元
73透視西武集團	林谷燁編譯	150元
76巡迴行銷術	陳蒼杰譯	150元
77推銷的魔術	王嘉誠譯	120元
78 60秒指導部屬	周蓮芬編譯	150元
79精銳女推銷員特訓	李玉瓊編譯	130元
80企劃、提案、報告圖表的技巧	鄭　汶　譯	180元
81海外不動產投資	許達守編譯	150元
82八百伴的世界策略	李玉瓊譯	150元
83服務業品質管理	吳宜芬譯	180元
84零庫存銷售	黃東謙編譯	150元
85三分鐘推銷管理	劉名揚編譯	150元
86推銷大王奮鬥史	原一平著	150元
87豐田汽車的生產管理	林谷燁編譯	150元

•成功寶庫• 電腦編號 02

①上班族交際術	江森滋著	100元
②拍馬屁訣竅	廖玉山編譯	110元
④聽話的藝術	歐陽輝編譯	110元
⑨求職轉業成功術	陳　義編著	110元
⑩上班族禮儀	廖玉山編著	120元
⑪接近心理學	李玉瓊編著	100元
⑫創造自信的新人生	廖松濤編著	120元

⑭上班族如何出人頭地	廖松濤編著	100元
⑮神奇瞬間瞑想法	廖松濤編譯	100元
⑯人生成功之鑰	楊意苓編著	150元
⑲給企業人的諍言	鐘文訓編著	120元
⑳企業家自律訓練法	陳　義編譯	100元
㉑上班族妖怪學	廖松濤編著	100元
㉒猶太人縱橫世界的奇蹟	孟佑政編著	110元
㉓訪問推銷術	黃静香編著	130元
㉕你是上班族中強者	嚴思圖編著	100元
㉖向失敗挑戰	黃静香編著	100元
㉙機智應對術	李玉瓊編著	130元
㉚成功頓悟100則	蕭京凌編譯	130元
㉛掌握好運100則	蕭京凌編譯	110元
㉜知性幽默	李玉瓊編譯	130元
㉝熟記對方絕招	黃静香編譯	100元
㉞男性成功秘訣	陳蒼杰編譯	130元
㊱業務員成功秘方	李玉瓊編著	120元
㊲察言觀色的技巧	劉華亭編著	130元
㊳一流領導力	施義彥編譯	120元
㊴一流說服力	李玉瓊編著	130元
㊵30秒鐘推銷術	廖松濤編譯	150元
㊶猶太成功商法	周蓮芬編譯	120元
㊷尖端時代行銷策略	陳蒼杰編著	100元
㊸顧客管理學	廖松濤編著	100元
㊹如何使對方說Yes	程　義編著	150元
㊺如何提高工作效率	劉華亭編著	150元
㊼上班族口才學	楊鴻儒譯	120元
㊽上班族新鮮人須知	程　義編著	120元
㊾如何左右逢源	程　義編著	130元
㊿語言的心理戰	多湖輝著	130元
51扣人心弦演說術	劉名揚編著	120元
53如何增進記憶力、集中力	廖松濤譯	130元
55性惡企業管理學	陳蒼杰譯	130元
56自我啟發200招	楊鴻儒編著	150元
57做個傑出女職員	劉名揚編著	130元
58靈活的集團營運術	楊鴻儒編著	120元
60個案研究活用法	楊鴻儒編著	130元
61企業教育訓練遊戲	楊鴻儒編著	120元
62管理者的智慧	程　義編譯	130元
63做個佼佼管理者	馬筱莉編譯	130元
64智慧型說話技巧	沈永嘉編譯	130元

⑯活用佛學於經營	松濤弘道著	150元
⑰活用禪學於企業	柯素娥編譯	130元
⑱詭辯的智慧	沈永嘉編譯	150元
⑲幽默詭辯術	廖玉山編譯	150元
⑳拿破崙智慧箴言	柯素娥編譯	130元
㉑自我培育・超越	蕭京凌編譯	150元
㉔時間即一切	沈永嘉編譯	130元
㉕自我脫胎換骨	柯素娥譯	150元
㉖贏在起跑點—人才培育鐵則	楊鴻儒編譯	150元
㉗做一枚活棋	李玉瓊編譯	130元
㉘面試成功戰略	柯素娥編譯	130元
㉙自我介紹與社交禮儀	柯素娥編譯	150元
㉚說NO的技巧	廖玉山編譯	130元
㉛瞬間攻破心防法	廖玉山編譯	120元
㉜改變一生的名言	李玉瓊編譯	130元
㉝性格性向創前程	楊鴻儒編譯	130元
㉞訪問行銷新竅門	廖玉山編譯	150元
㉟無所不達的推銷話術	李玉瓊編譯	150元

•處 世 智 慧•電腦編號 03

①如何改變你自己	陸明編譯	120元
④幽默說話術	林振輝編譯	120元
⑤讀書36計	黃柏松編譯	120元
⑥靈感成功術	譚繼山編譯	80元
⑧扭轉一生的五分鐘	黃柏松編譯	100元
⑨知人、知面、知其心	林振輝譯	110元
⑩現代人的詭計	林振輝譯	100元
⑫如何利用你的時間	蘇遠謀譯	80元
⑬口才必勝術	黃柏松編譯	120元
⑭女性的智慧	譚繼山編譯	90元
⑮如何突破孤獨	張文志編譯	80元
⑯人生的體驗	陸明編譯	80元
⑰微笑社交術	張芳明譯	90元
⑱幽默吹牛術	金子登著	90元
⑲攻心說服術	多湖輝著	100元
⑳當機立斷	陸明編譯	70元
㉑勝利者的戰略	宋恩臨編譯	80元
㉒如何交朋友	安紀芳編著	70元
㉓鬥智奇謀（諸葛孔明兵法）	陳炳崑著	70元
㉔慧心良言	亦　奇著	80元

㉕名家慧語	蔡逸鴻主編	90元
㉗稱霸者啟示金言	黃柏松編譯	90元
㉘如何發揮你的潛能	陸明編譯	90元
㉙女人身態語言學	李常傳譯	130元
㉚摸透女人心	張文志譯	90元
㉛現代戀愛秘訣	王家成譯	70元
㉜給女人的悄悄話	妮倩編譯	90元
㉞如何開拓快樂人生	陸明編譯	90元
㉟驚人時間活用法	鐘文訓譯	80元
㊱成功的捷徑	鐘文訓譯	70元
㊲幽默逗笑術	林振輝著	120元
㊳活用血型讀書法	陳炳崑譯	80元
㊴心　燈	葉于模著	100元
㊵當心受騙	林顯茂譯	90元
㊶心・體・命運	蘇燕謀譯	70元
㊷如何使頭腦更敏銳	陸明編譯	70元
㊸宮本武藏五輪書金言錄	宮本武藏著	100元
㊺勇者的智慧	黃柏松編譯	80元
㊼成熟的愛	林振輝譯	120元
㊽現代女性駕馭術	蔡德華著	90元
㊾禁忌遊戲	酒井潔著	90元
㊿摸透男人心	劉華亭編譯	80元
53如何達成願望	謝世輝著	90元
54創造奇蹟的「想念法」	謝世輝著	90元
55創造成功奇蹟	謝世輝著	90元
56男女幽默趣典	劉華亭譯	90元
57幻想與成功	廖松濤譯	80元
58反派角色的啟示	廖松濤編譯	70元
59現代女性須知	劉華亭編著	75元
61機智說話術	劉華亭編譯	100元
62如何突破內向	姜倩怡編譯	110元
64讀心術入門	王家成編譯	100元
65如何解除內心壓力	林美羽編著	110元
66取信於人的技巧	多湖輝著	110元
67如何培養堅強的自我	林美羽編著	90元
68自我能力的開拓	卓一凡編著	110元
70縱橫交涉術	嚴思圖編著	90元
71如何培養妳的魅力	劉文珊編著	90元
72魅力的力量	姜倩怡編著	90元
73金錢心理學	多湖輝著	100元
74語言的圈套	多湖輝著	110元

⑮個性膽怯者的成功術	廖松濤編譯	100元
⑯人性的光輝	文可式編著	90元
⑲培養靈敏頭腦秘訣	廖玉山編著	90元
⑳夜晚心理術	鄭秀美編譯	80元
㉑如何做個成熟的女性	李玉瓊編著	80元
㉒現代女性成功術	劉文珊編著	90元
㉓成功說話技巧	梁惠珠編譯	100元
㉔人生的真諦	鐘文訓編譯	100元
㉕妳是人見人愛的女孩	廖松濤編著	120元
㉗指尖・頭腦體操	蕭京凌編譯	90元
㉘電話應對禮儀	蕭京凌編著	120元
㉙自我表現的威力	廖松濤編譯	100元
㉚名人名語啟示錄	喬家楓編著	100元
㉛男與女的哲思	程鐘梅編譯	110元
㉜靈思慧語	牧　風著	110元
㉝心靈夜語	牧　風著	100元
㉞激盪腦力訓練	廖松濤編譯	100元
㉟三分鐘頭腦活性法	廖玉山編譯	110元
㊱星期一的智慧	廖玉山編譯	100元
㊲溝通說服術	賴文琇編譯	100元
㊳超速讀超記憶法	廖松濤編譯	140元

・健康與美容・電腦編號04

①B型肝炎預防與治療	曾慧琪譯	130元
③媚酒傳（中國王朝秘酒）	陸明主編	120元
④藥酒與健康果菜汁	成玉主編	150元
⑤中國回春健康術	蔡一藩著	100元
⑥奇蹟的斷食療法	蘇燕謀譯	110元
⑧健美食物法	陳炳崑譯	120元
⑨驚異的漢方療法	唐龍編著	90元
⑩不老強精食	唐龍編著	100元
⑫五分鐘跳繩健身法	蘇明達譯	100元
⑬睡眠健康法	王家成譯	80元
⑭你就是名醫	張芳明譯	90元
⑮如何保護你的眼睛	蘇燕謀譯	70元
⑲釋迦長壽健康法	譚繼山譯	90元
⑳腳部按摩健康法	譚繼山譯	120元
㉑自律健康法	蘇明達譯	90元
㉓身心保健座右銘	張仁福著	160元
㉔腦中風家庭看護與運動治療	林振輝譯	100元

㉕秘傳醫學人相術	成玉主編	120元
㉖導引術入門⑴治療慢性病	成玉主編	110元
㉗導引術入門⑵健康・美容	成玉主編	110元
㉘導引術入門⑶身心健康法	成玉主編	110元
㉙妙用靈藥・蘆薈	李常傳譯	150元
㉚萬病回春百科	吳通華著	150元
㉛初次懷孕的10個月	成玉編譯	130元
㉜中國秘傳氣功治百病	陳炳崑編譯	130元
㉟仙人長生不老學	陸明編譯	100元
㊱釋迦秘傳米粒刺激法	鐘文訓譯	120元
㊲痔・治療與預防	陸明編譯	130元
㊳自我防身絕技	陳炳崑編譯	120元
㊴運動不足時疲勞消除法	廖松濤譯	110元
㊵三溫暖健康法	鐘文訓編譯	90元
㊸維他命與健康	鐘文訓譯	150元
㊺森林浴—綠的健康法	劉華亭編譯	80元
㊼導引術入門⑷酒浴健康法	成玉主編	90元
㊽導引術入門⑸不老回春法	成玉主編	90元
㊾山白竹（劍竹）健康法	鐘文訓譯	90元
㊿解救你的心臟	鐘文訓編譯	100元
51牙齒保健法	廖玉山譯	90元
52超人氣功法	陸明編譯	110元
54借力的奇蹟⑴	力拔山著	100元
55借力的奇蹟⑵	力拔山著	100元
56五分鐘小睡健康法	呂添發撰	120元
57禿髮、白髮預防與治療	陳炳崑撰	120元
59艾草健康法	張汝明編譯	90元
60一分鐘健康診斷	蕭京凌編譯	90元
61念術入門	黃静香編譯	90元
62念術健康法	黃静香編譯	90元
63健身回春法	梁惠珠編譯	100元
64姿勢養生法	黃秀娟編譯	90元
65仙人瞑想法	鐘文訓譯	120元
66人蔘的神效	林慶旺譯	100元
67奇穴治百病	吳通華著	120元
68中國傳統健康法	靳海東著	100元
69下半身減肥法	納他夏・史達賓著	110元
70使妳的肌膚更亮麗	楊 皓編譯	100元
71酵素健康法	楊 皓編譯	120元
73腰痛預防與治療	五味雅吉著	100元
74如何預防心臟病・腦中風	譚定長等著	100元

⑮少女的生理秘密	蕭京凌譯	120元
⑯頭部按摩與針灸	楊鴻儒譯	100元
⑰雙極療術入門	林聖道著	100元
⑱氣功自療法	梁景蓮著	120元
⑲大蒜健康法	李玉瓊編譯	100元
㉛健胸美容秘訣	黃靜香譯	120元
㉜鍺奇蹟療效	林宏儒譯	120元
㉝三分鐘健身運動	廖玉山譯	120元
㉞尿療法的奇蹟	廖玉山譯	120元
㉟神奇的聚積療法	廖玉山譯	120元
86預防運動傷害伸展體操	楊鴻儒編譯	120元
88五日就能改變你	柯素娥譯	110元
89三分鐘氣功健康法	陳美華譯	120元
90痛風劇痛消除法	余昇凌譯	120元
91道家氣功術	早島正雄著	130元
92氣功減肥術	早島正雄著	120元
93超能力氣功法	柯素娥譯	130元
94氣的瞑想法	早島正雄著	120元

•家庭／生活• 電腦編號05

①單身女郎生活經驗談	廖玉山編著	100元
②血型•人際關係	黃靜編著	120元
③血型•妻子	黃靜編著	110元
④血型•丈夫	廖玉山編譯	130元
⑤血型•升學考試	沈永嘉編譯	120元
⑥血型•臉型•愛情	鐘文訓編譯	120元
⑦現代社交須知	廖松濤編譯	100元
⑧簡易家庭按摩	鐘文訓編譯	150元
⑨圖解家庭看護	廖玉山編譯	120元
⑩生男育女隨心所欲	岡正基編著	160元
⑪家庭急救治療法	鐘文訓編著	100元
⑫新孕婦體操	林曉鐘譯	120元
⑬從食物改變個性	廖玉山編譯	100元
⑭藥草的自然療法	東城百合子著	200元
⑮糙米菜食與健康料理	東城百合子著	180元
⑯現代人的婚姻危機	黃　靜編著	90元
⑰親子遊戲　0歲	林慶旺編譯	100元
⑱親子遊戲　1～2歲	林慶旺編譯	110元
⑲親子遊戲　3歲	林慶旺編譯	100元
⑳女性醫學新知	林曉鐘編譯	130元

㉑媽媽與嬰兒	張汝明編譯	180元
㉒生活智慧百科	黃　靜編譯	100元
㉓手相・健康・你	林曉鐘編譯	120元
㉔菜食與健康	張汝明編譯	110元
㉕家庭素食料理	陳東達著	140元
㉖性能力活用秘法	米開・尼里著	150元
㉗兩性之間	林慶旺編譯	120元
㉘性感經穴健康法	蕭京凌編譯	150元
㉙幼兒推拿健康法	蕭京凌編譯	100元
㉚談中國料理	丁秀山編著	100元
㉛舌技入門	增田豐　著	160元
㉜預防癌症的飲食法	黃靜香編譯	150元
㉝性與健康寶典	黃靜香編譯	180元
㉞正確避孕法	蕭京凌編譯	130元
㉟吃的更漂亮美容食譜	楊萬里著	120元
㊱圖解交際舞速成	鐘文訓編譯	150元
㊲觀相導引術	沈永嘉譯	130元
㊳初為人母12個月	陳義譯	180元
㊴圖解麻將入門	顧安行編譯	160元
㊵麻將必勝秘訣	石利夫編譯	160元
㊶女性一生與漢方	蕭京凌編譯	100元
㊷家電的使用與修護	鐘文訓編譯	160元
㊸錯誤的家庭醫療法	鐘文訓編譯	100元
㊹簡易防身術	陳慧珍編譯	130元
㊺茶健康法	鐘文訓編譯	130元
㊻雞尾酒大全	劉雪卿譯	180元
㊼生活的藝術	沈永嘉編著	120元
㊽雜草雜果健康法	沈永嘉編著	120元
㊾如何選擇理想妻子	荒谷慈著	110元
㊿如何選擇理想丈夫	荒谷慈著	110元
51中國食與性的智慧	根本光人著	150元
52開運法話	陳宏男譯	100元
53禪語經典＜上＞	平田精耕著	150元
54禪語經典＜下＞	平田精耕著	150元
55手掌按摩健康法	鐘文訓譯	180元
56脚底按摩健康法	鐘文訓譯	150元
57仙道運氣健身法	高藤聰一郎著	150元
58健心、健體呼吸法	蕭京凌譯	120元
59自彊術入門	蕭京凌譯	120元
60指技入門	增田豐著	160元
61下半身鍛鍊法	增田豐著	180元

㊷表象式學舞法	黃靜香編譯	180元
㊸圖解家庭瑜伽	鐘文訓譯	130元
㊹食物治療寶典	黃靜香編譯	130元
㊺智障兒保育入門	楊鴻儒譯	130元
㊻自閉兒童指導入門	楊鴻儒譯	180元
㊼乳癌發現與治療	黃靜香譯	130元
㊽盆栽培養與欣賞	廖啟新編譯	180元
㊾世界手語入門	蕭京凌編譯	180元
㊿賽馬必勝法	李錦雀編譯	200元
71中藥健康粥	蕭京凌編譯	120元
72健康食品指南	劉文珊編譯	130元
73健康長壽飲食法	鐘文訓編譯	150元
74夜生活規則	增田豐著	160元
75自製家庭食品	鐘文訓編譯	200元
76仙道帝王招財術	廖玉山譯	130元
77「氣」的蓄財術	劉名揚譯	130元
78佛教健康法入門	劉名揚譯	130元
79男女健康醫學	郭汝蘭譯	150元
80成功的果樹培育法	張煌編譯	130元
81實用家庭菜園	孔翔儀編譯	130元
82氣與中國飲食法	柯素娥編譯	130元
83世界生活趣譚	林其英著	160元
84胎教二八〇天	鄭淑美譯	180元
85酒自己動手釀	柯素娥編著	160元
86自己動「手」健康法	手嶋舜著	160元
87香味活用法	森田洋子著	160元
88寰宇趣聞搜奇	林其英著	200元

•命理與預言• 電腦編號 06

①星座算命術	張文志譯	120元
②中國式面相學入門	蕭京凌編著	180元
③圖解命運學	陸明編著	200元
④中國秘傳面相術	陳炳崑編著	110元
⑤輪迴法則（生命轉生的秘密）	五島勉著	80元
⑥命名彙典	水雲居士編著	180元
⑦簡明紫微斗術命運學	唐龍編著	130元
⑧住宅風水吉凶判斷法	琪輝編譯	180元
⑨鬼谷算命秘術	鬼谷子著	150元
⑩密教開運咒法	中岡俊哉著	250元
⑪女性星魂術	岩滿羅門著	200元

⑫簡明四柱推命學	李常傳編譯	150元
⑬手相鑑定奧秘	高山東明著	200元
⑭簡易精確手相	高山東明著	200元
⑮啟示錄中的世界末日	蘇燕謀編譯	80元
⑯女巫的咒法	柯素娥譯	230元
⑰指紋算命學	邱夢蕾譯	90元
⑱樸克牌占卜入門	王家成譯	100元
⑲Ａ血型與十二生肖	鄒雲英編譯	90元
⑳Ｂ血型與十二生肖	鄒雲英編譯	90元
㉑Ｏ血型與十二生肖	鄒雲英編譯	100元
㉒ＡＢ血型與十二生肖	鄒雲英編譯	90元
㉓筆跡占卜學	周子敬著	220元
㉔神秘消失的人類	林達中譯	80元
㉕世界之謎與怪談	陳炳崑譯	80元
㉖符咒術入門	柳玉山人編	150元
㉗神奇的白符咒	柳玉山人編	160元
㉘神奇的紫符咒	柳玉山人編	200元
㉙秘咒魔法開運術	吳慧鈴編譯	180元
㉚諾米空秘咒法	馬克・矢崎著	220元
㉛改變命運的手相術	鐘文訓編著	120元
㉜黃帝手相占術	鮑黎明著	230元
㉝惡魔的咒法	杜美芳譯	230元
㉞脚相開運術	王瑞禎譯	130元
㉟面相開運術	許麗玲譯	150元
㊱房屋風水與運勢	邱震睿編譯	160元
㊲商店風水與運勢	邱震睿編譯	200元
㊳諸葛流天文遁甲	巫立華譯	150元
㊴聖帝五龍占術	廖玉山譯	180元
㊵萬能神算	張助馨編著	120元
㊶神秘的前世占卜	劉名揚譯	150元
㊷諸葛流奇門遁甲	巫立華譯	150元
㊸諸葛流四柱推命	巫立華譯	180元
㊹室內擺設創好運	小林祥晃著	200元
㊺室內裝潢開運法	小林祥晃著	230元
㊻新・大開運吉方位	小林祥晃著	200元
㊼風水的奧義	小林祥晃著	200元

・教養特輯・電腦編號 07

①管教子女絕招	多湖輝著	70元
⑤如何教育幼兒	林振輝譯	80元

⑥看圖學英文	陳炳崑編著	90元
⑦關心孩子的眼睛	陸明編	70元
⑧如何生育優秀下一代	邱夢蕾編著	100元
⑩現代育兒指南	劉華亭編譯	90元
⑫如何培養自立的下一代	黃静香編譯	80元
⑭教養孩子的母親暗示法	多湖輝著	90元
⑮奇蹟教養法	鐘文訓編譯	90元
⑯慈父嚴母的時代	多湖輝著	90元
⑰如何發現問題兒童的才智	林慶旺譯	100元
⑱再見！夜尿症	黃静香編譯	90元
⑲育兒新智慧	黃静編譯	90元
⑳長子培育術	劉華亭編譯	80元
㉑親子運動遊戲	蕭京凌編譯	90元
㉒一分鐘刺激會話法	鐘文訓編著	90元
㉓啟發孩子讀書的興趣	李玉瓊編著	100元
㉔如何使孩子更聰明	黃静編著	100元
㉕３・４歲育兒寶典	黃静香編譯	100元
㉖一對一教育法	林振輝編譯	100元
㉗母親的七大過失	鐘文訓編譯	100元
㉘幼兒才能開發測驗	蕭京凌編譯	100元
㉙教養孩子的智慧之眼	黃静香編譯	100元
㉚如何創造天才兒童	林振輝編譯	90元
㉛如何使孩子數學滿點	林明嬋編著	100元

・消遣特輯・電腦編號08

①小動物飼養秘訣	徐道政譯	120元
②狗的飼養與訓練	張文志譯	130元
③四季釣魚法	釣朋會編	120元
④鴿的飼養與訓練	林振輝譯	120元
⑤金魚飼養法	鐘文訓編譯	130元
⑥熱帶魚飼養法	鐘文訓編譯	180元
⑧妙事多多	金家驊編譯	80元
⑨有趣的性知識	蘇燕謀編譯	100元
⑩圖解攝影技巧	譚繼山編譯	220元
⑪100種小鳥養育法	譚繼山編譯	200元
⑫樸克牌遊戲與贏牌秘訣	林振輝編譯	120元
⑬遊戲與餘興節目	廖松濤編著	100元
⑭樸克牌魔術・算命・遊戲	林振輝編譯	100元
⑯世界怪動物之謎	王家成譯	90元
⑰有趣智商測驗	譚繼山譯	120元

⑲絕妙電話遊戲	開心俱樂部著	80元
⑳透視超能力	廖玉山譯	90元
㉑戶外登山野營	劉青篁編譯	90元
㉒測驗你的智力	蕭京凌編著	90元
㉓有趣數字遊戲	廖玉山編著	90元
㉔巴士旅行遊戲	陳羲編著	110元
㉕快樂的生活常識	林泰彥編著	90元
㉖室內室外遊戲	蕭京凌編著	110元
㉗神奇的火柴棒測驗術	廖玉山編著	100元
㉘醫學趣味問答	陸明編譯	90元
㉙樸克牌單人遊戲	周蓮芬編譯	130元
㉚靈驗樸克牌占卜	周蓮芬編譯	120元
㉜性趣無窮	蕭京凌編譯	110元
㉝歡樂遊戲手册	張汝明編譯	100元
㉞美國技藝大全	程玫立編譯	100元
㉟聚會即興表演	高育強編譯	90元
㊱恐怖幽默	幽默選集編譯組	120元
㊲兩性幽默	幽默選集編譯組	100元
㊹藝術家幽默	幽默選集編譯組	100元
㊺旅遊幽默	幽默選集編譯組	100元
㊻投機幽默	幽默選集編譯組	100元
㊼異色幽默	幽默選集編譯組	100元
㊽青春幽默	幽默選集編譯組	100元
㊾焦點幽默	幽默選集編譯組	100元
㊿政治幽默	幽默選集編譯組	130元
51美國式幽默	幽默選集編譯組	130元

•語文特輯• 電腦編號09

①日本話1000句速成	王復華編著	60元
②美國話1000句速成	吳銘編著	60元
③美國話1000句速成　附卡帶		220元
④日本話1000句速成　附卡帶		220元
⑤簡明日本話速成	陳炳崑編著	90元

•武術特輯• 電腦編號10

①陳式太極拳入門	馮志強編著	150元
②武式太極拳	郝少如編著	150元
③練功十八法入門	蕭京凌編著	120元
④教門長拳	蕭京凌編譯	150元

⑤跆拳道	蕭京凌編譯	180元
⑥正傳合氣道	程曉鈴譯	180元
⑦圖解雙節棍	陳銘遠著	150元
⑧格鬥空手道	鄭旭旭編著	180元
⑨實用跆拳道	陳國榮編著	180元
⑩武術初學指南	李文英、解守德編著	250元
⑪泰國拳	陳國榮著	180元
⑫中國式摔跤	黃　斌編著	180元
⑬太極劍入門	李德印編著	180元
⑭太極拳運動	運動司編	220元
⑮太極拳譜	清・王宗岳等著	280元
⑯散手初學	冷　峰編著	180元

•趣味益智百科•電腦編號11

②神奇魔術入門	陳炳崑譯	70元
③智商180訓練金頭腦	徐道政譯	90元
④趣味遊戲107入門	徐道政譯	60元
⑤漫畫入門	張芳明譯	70元
⑥氣象觀測入門	陳炳崑譯	50元
⑦圖解游泳入門	黃慶篤譯	80元
⑨少女派對入門	陳昱仁譯	70元
⑩簡易勞作入門	陳昱仁譯	70元
⑪手製玩具入門	趣味百科編譯組	80元
⑫圖解遊戲百科	趣味百科編譯組	70元
⑬奇妙火柴棒遊戲	趣味百科編譯組	70元
⑭奇妙手指遊戲	趣味百科編譯組	70元
⑮快樂的勞作—走	趣味百科編譯組	70元
⑯快樂的勞作—動	趣味百科編譯組	70元
⑰快樂的勞作—飛	趣味百科編譯組	70元
⑱不可思議的恐龍	趣味百科編譯組	70元
⑲不可思議的化石	趣味百科編譯組	70元
⑳偵探推理入門	趣味百科編譯組	70元
㉑愛與幸福占星術	趣味百科編譯組	70元

•神奇傳眞•電腦編號12

①鬼故事	賴曉梅著	70元
②妖怪故事	賴曉梅著	70元
③鬼怪故事	周維潔著	70元
④神鬼怪談	周維潔著	60元

⑤中國神奇怪案	人亦奇著	70元
⑥中國奇情小說	周景雯著	75元

國家圖書館出版品預行編目資料

風水的奧義／小林祥晃著，李芳黛譯，
一初版，臺北市，大展，民85
面；　公分一（命理與預言；47）
譯自：風水の奧義
ISBN 657-557-631-4（平裝）

1.堪輿

294　　85008756

BUSINESS NI IKASU FUUSUIJUTSU

Originally published in Japan in 1995 by KOSAIDO SHUPPAN CO., LTD..
Chinese translation rights arranged through TOHAN CORPORATION,TOKYO
and KEIO Cultural Enterprise CO.,LTD

風水的奧義

ISBN 957-557-631-4

原著者／小林祥晃
編譯者／李芳黛
發行人／蔡森明
出版者／大展出版社有限公司
社址／台北市北投區（石牌）致遠一路二段12巷1號
電話／(02) 8236031・8236033
傳真／(02) 8272069
郵政劃撥／0166955－1
登記證／局版臺業字第2171號
承印者／國順圖書印刷公司
裝訂／嶸興裝訂有限公司
排版者／千賓電腦打字有限公司
電話／（02）8812643
初版／1996年（民85年）10月
定價／200元

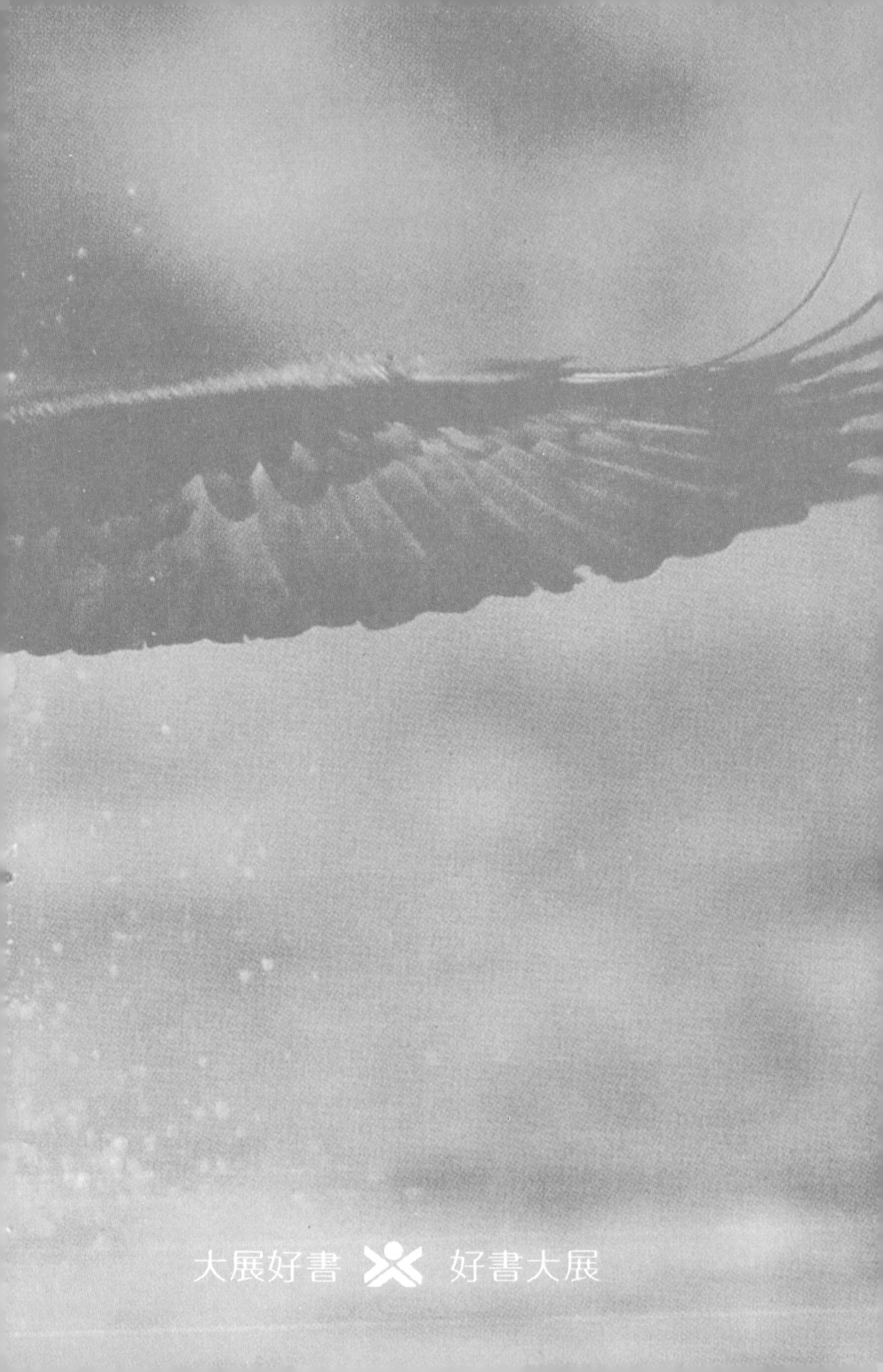
大展好書
好書大展